数字化转型、绿色金融与银行绩效

刘霄汉　著

电子工业出版社·

Publishing House of Electronics Industry

北京·BEIJING

图书在版编目（CIP）数据

数字化转型、绿色金融与银行绩效 / 刘霄汉著.

北京：电子工业出版社，2024. 7. -- ISBN 978-7-121

-48164-2

Ⅰ. F832.33

中国国家版本馆CIP数据核字第2024H1E865号

责任编辑：刘小琳　　　　文字编辑：牛嘉斐
印　　刷：三河市鑫金马印装有限公司
装　　订：三河市鑫金马印装有限公司
出版发行：电子工业出版社
　　　　　北京市海淀区万寿路 173 信箱　　邮编　100036
开　　本：720×1 000　1/16　印张：12.5　字数：186 千字
版　　次：2024 年 7 月第 1 版
印　　次：2025 年 6 月第 2 次印刷
定　　价：86.00 元

凡所购买电子工业出版社图书有缺损问题，请向购买书店调换。若书店售缺，请与本社发行部联系，联系及邮购电话：(010) 88254888，88258888。

质量投诉请发邮件至 zlts@phei.com.cn，盗版侵权举报请发邮件至 dbqq@phei.com.cn。

本书咨询联系方式：niujf@phei.com.cn；(010) 88254106。

序

商业银行作为金融市场的重要参与主体，肩负着以金融服务推动绿色发展的重要使命。近年来，受国际局势和突发公共事件等多重影响，我国经济发展的压力加大，金融机构持续让利实体经济，商业银行营收增幅继续收窄。此时，我国商业银行开展绿色金融业务未能扭转商业银行经营绩效增速减缓的趋势。一方面，银行与企业间的信息不对称增加了绿色金融业务的识别成本，使部分商业银行的绿色金融业务收益难以覆盖成本；另一方面，银行经济效益与社会效益之间的协同机制缺失，导致其持续发展绿色金融的内生动力不足。据此，本书以数字化转型赋能商业银行绿色金融可持续发展为主线，重点研究提高商业银行经营绩效、经济效益与社会效益的正向关联性，并选择商业银行绿色信贷数据和 ESG 环境评分开展实证检验。

在新一轮科技革命和产业变革的背景下，数字技术的发展和普及成为解决商业银行发展绿色金融内生动力不足的重要推手。理论上，数字技术可以提升商业银行对数据的获取、存储、分析能力，通过释放数据要素生产力，打破传统绿色金融业务的经营模式，进一步扩大经营规模。在实践中，我国商业银行纷纷加入数字化转型浪潮，借助数字技术进一步提升运营效率、丰富产品层次、拓宽服务范围。商业银行借助数字化转型可以改善绿色金融对银行经营绩效的消极影响。数字化转型通过提升银行经营效益、经营效率和社会效益，可以帮助商业银行稳定盈利底盘、提升全要素生产率、承担更多社会责任，从固基、强业、拓链"三位一体"的视角协同推进绿色金融发展，实现经营绩效和社会责任的兼容共赢。因此，探索数字化转型背景下绿色金融对商业银行经济效益和社会效益的影响，以及如何推进二者的协同发展，对银行发展绿色金融具有重要的理论指导意义和实际应用价值。

本书将规范研究与实证研究相结合，基于财政部《商业银行绩效评价办法》的相关标准、商业银行的财务数据和国家宏观数据，研究数字化转型赋能绿色金融对银行短期经营效益、长期经营效率和社会效益可以产生正向积极的影响。具体研究结论如下。

第一，数字化转型对绿色信贷业务和商业银行经营收益可以发挥积极的调节效应。首先，绿色信贷对商业银行经营效益的推动作用尚未显现，商业银行开展绿色信贷业务无法减缓其当前经营效益下滑的趋势，主要由于较高的绿色信贷识别成本降低了银行资产回报率；其次，数字化转型对商业银行资产回报率有显著的积极影响；最后，数字化转型对绿色信贷和银行资产回报率有积极的调节作用，并检验了数字化转型可以通过信息化机制、风险承担机制和长尾效应机制发挥其调节作用。上述结论在进行稳健性检验和处理内生性问题之后，仍然成立。同时，进一步研究发现，数字化转型赋能绿色信贷业务对商业银行经营效益的影响存在门槛效应，当数字化投入达到特定值时，数字化转型赋能绿色信贷业务对银行经营效益的调节效应会显著增强，非国有银行这一门槛高于国有银行。

第二，数字化转型可以通过绿色金融中介变量提升商业银行全要素生产率。首先，绿色金融对商业银行全要素生产率有积极的影响，相同的成本投入下，绿色金融可以为商业银行提供长期稳定的收益，可以更有效提升商业银行全要素生产率；其次，研究发现，数字化转型对商业银行全要素生产率有显著的正向影响；最后，实证分析发现，数字化转型可以通过绿色金融提升商业银行全要素生产率。该结论在进行稳健性检验和处理内生性问题之后，仍然成立。同时，检验数字化转型的三个细分维度数字化管理、数字化战略和数字化业务对商业银行绿色金融经营效率的中介效应。其中，数字化管理转型、数字化战略转型对商业银行绿色金融经营效率有促进影响，可以通过绿色金融发挥中介效应促进银行经营效率；而数字化业务转型的影响并不显著。进一步研究发现，数字化业务转型对商业银行绿色金融经营效率的影响呈现先减再增的"U"形影响。

第三，数字化转型对绿色信贷与商业银行社会效益具有积极的调节效应，且后期数字化转型调节效应强于初期数字化转型效应。首先，绿色金融对商业银行社会效益的影响显著为正，这一结果印证了银行发展绿色金融是承担社会责任的重要表现；其次，数字化转型对商业银行社会效益有积极显著的影响；最后，数字化转型对绿色信贷和商业银行社会效益有积极影响，并且后期数字化转型的调节效应强于初期数字化转型效应，数字化转型可以通过绿色声誉机制和可持续发展机制发挥调节作用。上述结论在进行稳健性检验和控制内生性问题之后，仍然成立。

基于实证研究结论，本书提出如下建议：首先，政府要健全完善绿色金融政策体系，构建长效引导机制。完善绿色金融供给方的激励政策，优化对商业银行等金融机构的绩效考核体系，加强对绿色金融需求方的保障政策，统一绿色信息披露标准，加大对专业人才培养和扶持力度，为绿色金融扩面、提质和实现可持续发展提供积极的政策导向。其次，商业银行要加快全面推进数字化转型，要更加注重提高全要素生产率。通过开发核心技术、搭建数据中台、强化组织架构和打造数字生态等方式不断深化数字技术在绿色金融领域的应用，借助数字技术重塑经营模式，提升业务效率和资源配置效率。最后，商业银行应立足自身差异化定位，实现绿色金融市场良性竞争。大型商业银行应当充分利用资源优势，抓住机遇扩大绿色金融业务规模，对标国际一流银行，树立绿色金融品牌，加强国际间同业合作，为中国金融业争取绿色金融领域的国际话语权。中小银行应根据自身特点制定有品牌化、差异化、特色化的发展模式，聚焦主业、深耕区域、精准营销、定制服务，增强自身核心竞争力。

本书的主要贡献在于三个方面：第一，基于经济高质量发展下科技创新与绿色生态文明建设的关键内涵，提高绿色金融实践与商业银行经营绩效关联性的解释力，通过商业银行这一金融市场微观主体的经营活动，探究商业银行在数字化驱动下发展绿色金融业务的可持续性，实现商业银行的高质量发展。第二，从商业银行内部经济效益和外部社会效益两个维度出发，具体检验和描述数字化转型赋能绿色金融发展对商业银行经营绩效的影响及其传导路径的现实状况。第三，一定程度上揭示了当前商业银行数字化转型促进绿色金融可持续发展的内在必然性与商业银行缺乏发展绿色金融持续性内生动力的矛盾。在数字化转型背景下，通过再定义绿色金融发展与商业银行经营效益、经营效率和社会效益三位一体的关系，探究绿色金融对商业银行经营绩效的影响机理，并提出针对性政策建议和促进方案。

目　录

引 言

一、本书背景与意义

（一）研究背景

当前，全球经济发展面临多重挑战，受到地缘政治冲突频发和极端天气灾害多发等因素影响，全球资本市场动荡加剧、国际贸易额增速持续下滑、跨境投资额增长乏力，各国贷款规模增速持续放缓，银行业经营环境发生巨大变化。目前，许多大型经济体宏观经济条件不佳，失业率和债务高企，潜在的结构性挑战阻碍了经济的快速恢复，复杂严峻的国际环境对各国中央银行的预期管理和银行业发展带来了巨大挑战。美国等发达国家的中央银行为应对宏观经济压力采用持续紧缩的货币政策，多次宣布加息后，本土市场贷款基准利率持续升高，信贷规模增速明显放缓。美国联邦存款保险公司①统计数据显示，美国贷款总额增长率连续多个季度负增长，从 2022 年第四季度末的–0.846%持续降低至 2023 年第一季度末的–3.878%，2023 年第三季度增速逐步回落至–3.310%；欧洲银行业同样受到经济寒冬的影响，欧洲贷款规模增长率从 2022 年第三季度的 10.4%持续回落至 2023 年第二季度的 2.4%。

我国银行业受外部经济环境与内部宏观调控政策的影响，经营收入增速明显放缓。2022 年以来我国为加快经济复苏，人民银行多次下调贷款市场报价利率，并颁布多项政策推动金融机构向实体经济让利。根据安永发布的《中国上市银行 2022 年回顾及未来展望》报告显示，我国上市银行多项关键盈利指标呈现下滑趋势：我国上市银行 2022 年度营收增幅同比下降 6.91%；利息净收入增长率由 2018 年的 11.92%下滑至 2022 年的 2.97%；净资产收益率由 2018 年的 12.29%下滑到 2022 年的 9.84%；总资产收益率由 2018 年的 0.83%稳步回落到 2022 年的 0.73%。在当前经济形式下，我国商业银行经营绩效增长面临重大考验。

在新发展阶段下，绿色经济与数字经济正在成为我国经济增长的重要引擎，我国密集出台多项相关政策，为中国银行业未来发展指明了具体方向。2021 年 10 月，中共中央国务院在《关于完整准确全面贯彻新发展理念做好碳

---

① 联邦存款保险公司是美国国会在 1930 年大萧条时期大量银行被挤兑后创立的。

达峰碳中和工作的意见》中明确指出，要"推动互联网、大数据、人工智能、第五代移动通信（5G）等新兴技术与绿色低碳产业深度融合"。2021年12月颁布的《"十四五"国家信息化规划》指出，数字化和绿色化协同发展是经济社会高质量发展的内在需求，提升技术创新水平是推动经济绿色化的重要途径。2022年10月，党的二十大报告进一步明确了绿色转型与科技创新在我国经济高质量发展中所扮演的重要作用，以及对我国全面建成社会主义现代化强国、实现第二个百年奋斗目标的重要意义。2023年2月，中共中央、国务院印发《数字中国建设整体布局规划》，明确提出：到2025年，基本形成横向打通、纵向贯通、协调有力的一体化推进格局，数字中国建设①取得重要进展。

在国家政策的支持引导下，我国商业银行绿色金融发展成效显著，但发展中的相关问题也日益凸显。根据人民银行的统计数据显示，我国2019年至2022年绿色贷款余额分别为10.22万亿元人民币、11.95万亿元人民币、15.9万亿元人民币和22.03万亿元人民币。然而，各大中小银行普遍面临绿色金融业务收益无法覆盖投入成本，发展绿色金融积极性不足的问题。一方面，商业银行将资金以低息投向绿色产业会增加资金的机会成本，融资企业的环境信息披露不足亦会增加银行的风险识别成本，致使银行发展绿色金融的平均成本过高；另一方面，绿色金融业务收益回报周期长，且市场中缺乏将绿色金融正外部性转化为银行经营效益激励机制。在我国绿色经济转型的关键期，如何突破绿色金融发展面临的瓶颈，提高商业银行经济效益与社会效益的正向关联性，实现商业银行发展绿色金融业务的可持续性是至关重要的。

在全球经济增长乏力，银行业经营收益增速持续放缓的背景下，数字技术为商业银行发展绿色金融提供了新机遇。商业银行借助数字技术发展绿色金融契合可持续发展理论中金融创新的本质内涵，是推动银行业服务实体经济、深化金融供给侧改革的重要驱动力。以大数据、区块链、人工智能、云计算为代表的数字技术通过提升商业银行在绿色金融业务方面的数据获取、数据存储、数据分析和数据处理能力，激发数据要素在绿色信贷业务流程的关键作用，降低绿色金融业务成本和业务风险，为提升商业银行发展绿色金融的绩效提供新的可能。

---

① 建设数字中国是数字时代推进中国式现代化的重要引擎，是构筑国家竞争新优势的有力支撑。

商业银行发展绿色金融与财政部商业银行绩效评价指标体系中经营效益、发展质量及服务国家发展目标和实体经济三个考核指标高度相关。绿色金融对商业银行经营效益的影响体现在盈利能力方面；绿色金融对商业银行发展质量的影响体现在成本效率方面；绿色金融对银行服务国家发展目标和实体经济的影响体现在社会效益方面。同时，根据商业银行发展绿色金融对企业内部和社会外部的影响，将发展绿色金融对银行经营效益和经营效率的作用归类为对内部经济效益的影响，将发展绿色金融对社会的贡献归类为对外部社会效益的影响。

本书基于商业银行经济效益和社会效益协同视角，针对商业银行在发展绿色金融的过程中，承担更多社会责任的经济负担顾虑、经营服务模式欠缺创新、持续发展内生性动力不足等现实问题，探讨如何运用数字技术解决现有的矛盾冲突，寻找商业银行在发展绿色金融中提升盈利能力与履行社会责任的平衡点，对商业银行经营的"三性原则"[1]做出新的诠释，为商业银行新时代高质量发展绿色金融提供新思路、新手段。

（二）研究意义

当前，全球经济发展面临的不确定性增强，生态环境不断恶化，各国均试图通过绿色低碳转型实现社会经济的可持续发展，我国亦向国际社会作出碳达峰、碳中和的郑重承诺。商业银行作为我国经济社会的重要参与主体，承担着发展绿色金融、助力实现"双碳"目标的历史责任。从宏观角度看，发展绿色金融业务可以引导资本加快流向绿色行业，加速推动绿色产业的转型升级。从微观角度看，绿色金融产品周期长、收益稳定的特点，绿色金融产品可以为商业银行提供长期稳定的收益，增加商业银行的经营收益和风险承担能力，提高商业银行的市场竞争力。目前，大多数商业银行都在发展绿色金融、承担社会责任等方面进行有益的实践探索，我国绿色金融已初具规模。然而部分商业银行发展绿色金融时，面临业务成本无法覆盖收益、银行经营的"盈利目的"与社会的"环保目的"相矛盾的问题，导致银行发展绿色金融内生动力不足。

数字技术在商业银行转型中的广泛应用为解决绿色金融业务发展不可持

---

[1] 商业银行三性原则是指银行经营的"盈利性、安全性和流动性"三大原则。

续问题提供了技术支撑。数字化转型可以重塑商业银行绿色金融业务流程，通过降低业务成本、改善资源配置、提升服务效率、增加监管能力等四个方面推动绿色金融的发展。本书基于商业银行业收益增速整体放缓的背景，探究数字化转型对商业银行绿色金融业务的经营效益、经营效率和社会效益三方面的影响，检验数字化转型能否促进商业银行经营责任与社会责任的协同发展，提升商业银行发展绿色金融的内生动力。

1. 理论意义

本书围绕"数字技术赋能绿色金融发展与商业银行的经营效益、经营效率和社会效益"这一主题，构建了理论分析框架，检验了商业银行数字化转型对绿色金融发展的作用，并考察了数字技术赋能绿色金融发展对商业银行经营效益和社会效益的影响和内在机制，本书的理论意义主要体现在以下四点。

一是丰富科技创新推动生态文明建设的理论内涵。生态文明建设是中华民族伟大复兴的重要战略任务，科技创新对生态文明建设具有基础性、战略性的支撑作用。商业银行借助数字技术解决发展绿色金融内生动力不足的问题，可以帮助银行兼顾经营效益和社会效益，是商业银行贯彻新发展理念的重要体现。本书将充分立足我国国情，以习近平生态文明思想为指导，深入分析以商业银行为代表的金融机构在发展绿色金融业务中的问题及不足，在广泛借鉴现代经济学方法的基础上，通过实证分析，探讨如何运用科技创新加速我国绿色经济转型，为新时代我国经济高质量发展提供理论补充。通过总结现有实践经验、提出问题的解决方法，能够丰富科技创新和绿色转型协同发展的内在逻辑和理论内涵。

二是从现代商业银行角度丰富金融创新理论内涵。1912年，约瑟夫·熊彼特在著作《经济发展理论》中将创新理论定义为"生产要素的重新组合"和这种新组合与生产条件的再结合。现代金融创新理论继承和发展了熊彼特的创新理论，认为金融创新是金融活动主体为获得潜在收益，在制度、组织、业务、技术、产品、交易等方面不断变革的行为。本书选取中国金融机构最典型的组织形态——商业银行作为研究视角，借助本量利数理模型对商业银行采用数字技术前后绿色信贷业务成本收益的变化进行数量推导，分析技术创新对银行绿色信贷规模的影响和变化规律，进一步探索数字技术、绿色信贷和商业银行经营收益三者的内在关联机制。

三是统筹分析数字技术绿色信贷对商业银行经营效益和社会效益的影响机制。基于商业银行的经营效益视角，本文在统一的框架下探讨了数字技术赋能绿色信贷通过信息化机制、风险承担机制和长尾效应机制来提升商业银行经营效益。基于商业银行经营效率视角，在统一的框架下探讨了数字技术赋能绿色信贷通过信息化机制和规模效应机制提升银行经营效率。基于商业银行社会效益视角，在统一的框架下探讨了数字技术赋能绿色信贷通过声誉机制和可持续发展机制提升银行社会效益。三个部分相互承接，既厘清了各个部分的内在影响机制，又整体解析了数字技术如何影响商业银行绿色金融经营效益、经营效率和社会效益的协调机制。

四是破除商业银行经营发展与保护生态环境是矛盾对立的错误认识，对银行履行社会责任的内涵进行有益补充。英国学者欧利文·谢尔顿在 1924 年出版的《管理的哲学》中首次定义了企业社会责任的概念，即企业在满足包括员工、消费者、环境乃至整个社会利益的情况下，追求经营效益最大化的经营行为。随着我国经济进入高质量发展阶段，商业银行在发展绿色金融面临业绩下行压力。商业银行经营效益与社会效益的矛盾阻碍了绿色金融的进一步发展。本书从商业银行数字化角度切入，探索数字化转型对商业银行绿色金融社会效益的调节作用，印证了数字化转型对商业银行绿色金融社会效益的积极作用，创新性地将企业社会责任理论与企业的盈利目的相统一，进一步丰富了我国新发展阶段下社会责任的内涵。

2. 实践意义

一是指导商业银行利用数字技术拓宽绿色金融的实践路径。本书通过实证检验数字化转型对商业银行绿色金融成本负担的调节效应，证明商业银行借助数字化转型发展绿色金融可以同时提升经营效益和社会效益，为银行突破绿色金融发展瓶颈，积极践行绿色担当，推动低碳经济转型提供了指导意见。

二是帮助商业银行加速数字化转型、把握绿色发展机遇，全面提升我国商业银行全要素生产率。本书通过探索数字化转型对商业银行绿色金融经营效率的影响，发现数字化转型可以优化操作流程、提升客户风险识别精度、实现资金需求的精准匹配，切实提升经营效率，为绿色金融发展注入"新动能"。数字经济时代，商业银行需要以社会低碳转型发展为契机，紧紧围绕生态文明建设这个首要任务，加大绿色低碳金融产品的服务和支持力度，做实做强绿色金融。

三是为我国商业银行履行社会责任、推动绿色金融高质量发展提供实践参考。商业银行发展绿色金融是承担社会责任的重要体现，通过探索数字化转型对银行绿色金融社会效益的影响，为金融机构实现可持续发展提供了重要参考路径，可以为政府部门制定政策、监管机构制定法规和其他市场参与主体主动承担社会责任提供指导。

二、相关文献综述

（一）国外相关文献综述

1. 绿色金融发展的相关研究

国外学术界尚未就绿色金融的定义形成普遍共识。从微观角度看，绿色金融普遍被定义为一类金融产品。国际金融公司[①]认为绿色金融是为保护环境、确保社会正义和促进经济繁荣的投资产品。Munitlak 认为绿色金融是包含可以应用于环境保护的一系列新技术、产业、金融产品和金融服务。从宏观角度看，绿色金融被定义为实现社会可持续发展的重要手段。Cowan 认为绿色金融主要是研究绿色经济资金融通问题，是经济可持续发展与金融问题的有机结合。Lindenberg 将绿色金融理解为一种使金融机构推行绿色经济的政策。然而，从实现社会可持续发展的目标来看，学者对于绿色金融的微观定义和宏观定义是互通的。Akomea 认为绿色金融等同于"可持续金融"或"环境金融[②]"或"气候金融[③]"或"绿色投资"。

国外部分学者认为绿色金融的主要作用在于引导和优化金融资源在绿色产业中的配置。Berensmann 和 Weber and Elalfy 认为，绿色金融是一种通过金融系统进行资本配置和投资的行为。绿色金融的绿色属性要求将金融资源配

[①] 国际金融公司是全球性投资机构和咨询机构，旨在通过提供投融资服务、引导国际资本和提供咨询服务，帮助发展中国家实现经济的可持续增长。

[②] 环境金融通常指金融业根据环境产业的需求而进行的金融创新。

[③] 气候金融通常指与应对气候变化相关的创新金融。根据 2016 年《巴黎协定》等国际协议，气候金融狭义上也可以被理解为发达国家对发展中国家所援助的气候资金。

置延伸到经济部门的环境保护、清洁能源、绿色建筑、气候变化、社会包容、公司治理等方面。Akomea 认为绿色金融可以通过引导企业资本配置转向更为低碳环保的用途。Chowdhury 认为绿色金融可以满足农业、绿色建筑等方面绿色项目的融资需求，促进国家经济发展。Jiakui 利用来自中国的样本研究发现，绿色金融提高了绿色生产率，显著促进绿色产业的发展。

国外学者研究发现绿色金融发展可以促进经济增长和碳减排。Markandya 利用动态 CGE 模型研究发现，发展中国家和发达国家通过实行碳税的绿色气候基金可以实现经济增长和减排的双重目标。Iqbal 通过 DEA 模型构建各国绿色金融指数，研究发现绿色金融与碳排放之间存在显著的相关性。Al and Nobanee 认为绿色金融可以实现经济可持续发展和提升社会收入水平提升。

基于以上发现，国外学者认为商业银行发展绿色金融是积极履行社会责任的体现。San 认为商业银行需要将道德价值观纳入经营实践。随着商业银行用户环保意识的增强，银行可以通过发展绿色金融满足环保用户的相关诉求，进一步增强行业竞争力。Soundarrajan 和 Vivek 指出商业银行在自身发展的同时需要承担起社会责任，不断开发绿色金融产品，丰富绿色企业融资渠道。Guang 和 Siddik 通过实证研究发现，发展绿色金融有助于孟加拉国等新兴经济体的商业银行引导金融资源向绿色产业倾斜，提高整体环境绩效。

然而，国外学者关于商业银行发展绿色金融对其自身经营绩效影响的观点并不一致。一部分学者认为，绿色金融对商业银行绩效可以产生正向影响。Chami 认为商业银行发展绿色信贷，可以提高投融资活动中绿色金融所占比例，有助于提高银行声誉和风险管理能力。Tripathy 研究发现，绿色金融可以为商业银行提供稳定的现金流，提升银行投资收益率，对银行经营绩效产生正向影响。Mirovic 等人基于塞尔维亚共和国银行业数据，研究发现绿色贷款可以提高当地商业银行的资产回报率和净资产收益率。同时，个别研究认为，商业银行发展绿色金融对银行经营绩效没有实质性影响。Galema 认为由于金融产品种类的多样性和投资需求的差异性，无论金融机构是否承担社会责任，对其经营风险和经营收益都不会产生影响。Malini 研究发现伊斯兰银行通过发展绿色金融和承担企业社会责任在短期内实现了盈利，但是这种作用不可持续。

同时，部分学者认为发展绿色金融对商业银行经营绩效有负面影响。商业银行早期发展绿色金融的成本较高。导致大多数银行缺少开发绿色金融产品的意愿，对可持续发展的相关业务处于抵制和规避阶段。Anas 基于阿联酋银行业数据，研究发现商业银行发展绿色金融会降低银行盈利能力和信贷资产质量。同时，部分学者认为影响绿色金融的发展障碍不仅来源于银行自身，可能还来源于多方面，如政治领域、经济条件、制度影响、技术进步、金融能力等。

2. 数字技术驱动商业银行经营创新

工业革命 4.0[①]下的数字技术深刻影响着企业的经营活动。金融机构借助数字技术可以提升金融服务效率，推动业务模式的创新发展。商业银行作为金融市场参与主体之一，其数字化转型也倍受研究学者、政策制定者和企业高管等各界人员的关注。商业银行通过将数字技术融入相关业务领域，如打造线上平台、建立数字银行、更新迭代技术等方式，改变银行传统业务的经营方式，更好满足客户需求。同时，数字技术可以改善商业银行业务流程，增强银行与客户的互联互通。总体来看，商业银行数字化转型能够降低业务交易成本，拓宽客户融资渠道，提升金融普惠性，对传统金融市场产生了深远的影响。

国外学者关于商业银行数字化转型对其自身风险的影响存在不同观点。从流动性角度来看，数字技术可以加快金融机构间的资本流动，在一定程度上增加了银行的脆弱性。由于市场波动对金融机构间的批发性融资业务影响较大，当波动加剧，数字技术加速了资本的抽离，增加了商业银行的流动性风险。Mudeer Ahmed Khattak 研究发现商业银行并没有从数字化转型中受益，技术投入和技术多样化反而增加了商业银行经营风险。从业务准入角度看，数字技术增加了商业银行的信息获取和信息分析能力，可以更精准地评估客户资质，降低信用风险。Metawa 通过实证方法验证了数字化转型可以显著降低商业银行不良贷款率，提升银行风险承担能力。

国外学术界关于商业银行数字化转型对经营绩效的影响观点尚未统一。一部分学者认为数字化转型对商业银行经营绩效的影响并不显著。Beccalli 使用 1995—2000 年 737 家欧洲银行的样本，研究发现商业银行在软硬件上的投入与商业银行绩效增长之间不存在显著关系。Xin 和 Choudhary 的研究结果与

---

① 工业革命 4.0 由德国提出，主要概念是指利用物联信息系统将生产中的销售信息数据化、智慧化，以达到快速、有效、个人化的产品供应。

Beccalli 类似，Pramanik 认为导致类似结果的可能原因是数字化转型仅对大型公司的经营绩效存在显著影响。另外一部分国外学者认为数字技术对商业银行降本增效的作用显著。数字技术可以帮助商业银行节约人力资源，提高人工效率。Berger 以美国银行的业务系统为例，研究发现数字技术的发展有助于银行降低业务成本。Kasman 研究发现土耳其银行业借助数字技术降低了23.6%的可变成本。Jatic 研究发现，欧美国家商业银行借助数字技术减少了劳动力支出，应用数字技术后美国银行柜台的交易数量减少了 45%；在2012—2015 年英国商业银行的客户，有 30%转移到了线上银行。Singh 研究发现，数字技术可以显著降低发展中国家商业银行的营业成本，产生正向的技术溢出效应。Do 利用子空间高斯混合模型，对越南 13 家股份制商业银行2011—2019 年的数据进行了分析，发现数字化转型对越南商业银行经营绩效产生了正向影响，并且银行体量越大，数字化对银行绩效产生的正向作用越显著。

同时，部分学者研究发现数字技术可以提升商业银行经营效率。Bresnahan 发现商业银行的技术进步可以通过产生社会效益进而提升银行业生产效率。Kannan 和 Allen 认为，数字技术支撑下的互联网金融破除了金融机构之间的壁垒，提升了整个银行业的经营效率，这种作用对大型银行尤为明显。Acharya and Albert 研究发现，数字技术加剧了银行业竞争，部分商业银行被动采用数字技术来提升经营效率。Bons 和 Hoehle 认为，数字技术可以重塑商业银行传统的服务渠道，提升经营效率，促进银行业务的转型。Forcadell 认为，数字技术颠覆了传统银行业务模式，可以帮助商业银行提质增效。

3. 数字化转型与绿色金融实践

国外学者普遍认为数字技术能够推动绿色金融发展。Muganyi 利用半参数双重差分法，研究发现数字技术有助于减少二氧化硫排放，有利于推动环保投资举措。Nassiry 认为大数据、云计算、机器学习、分布式计算等数字技术都可以促进绿色金融的发展，其中区块链技术对绿色金融的影响最为明显，可以降低监管成本和扩大监管边界。Dorfleitnert 和 Braun 认为区块链技术可以对金融业务进行有效监测、动态预警和贷后核查，提高了业务透明度，降低绿色金融的"漂绿"①风险。Nassiry 认为区块链技术可以在可再生能源、分散式电力市场②、碳信用③和气候融资④和绿色债券等方面有较为广阔的应用空间。

从全球范围来看，数字技术在绿色金融方面的深度应用正在成为主流发展趋势。2014 年 1 月联合国环境规划署的"可持续金融体系设计探寻"项目首次提出了利用数字技术赋能绿色发展的理念。2017 年 11 月，联合国环境规划署与世界银行共同推出《可持续金融体系路线图》，强调数字金融或金融科技在防范环境风险和支持可持续发展融资转型方面的重要作用。2018 年 9 月，联合国环境规划署指出数字绿色金融是指通过大数据、机器学习、人工智能、区块链等技术支持，进行投融资活动，实现可持续发展目标的金融创新。2019 年，欧盟委员会出台《欧洲绿色协议》，提出采用数字技术提升绿色产业的融资能力。欧洲银行业研究机构在《绿色金融科技初步评估报告（2020）》指出，绿色金融科技是将金融科技结合 ESG（环境、社会、治理）理念用于支持可持续发展的创新型融资技术。

（二）国内相关文献综述

1. 绿色金融发展的相关研究

绿色金融是推动低碳经济转型的重要抓手。周小川认为绿色金融可以缓解经济与环境的发展矛盾，帮助我国实现经济发展方式的变革。绿色金融可以解决绿色产业发展中的金融问题，引导社会资金流向绿色产业，降低绿色产业的融资成本，推动社会可持续发展。周肖肖研究发现绿色金融可以推动企业的绿色技术创新⑤。同时，我国多位学者从实证角度验证了我国绿色金融对碳减排的积极影响。

---

① 漂绿通常指公司或组织为展示环境负责的公共形象而宣传虚假信息。

② 分散式电力市场主要以中长期供电合同为基础，发用双方在日前阶段自行确定日发用电曲线，偏差电量通过日前、实时平衡交易进行调节的电力市场模式。

③ 碳信用指在经过合法组织认证的条件下，国家或企业以增加能源使用效率、减少污染或减少开发等方式减少碳排放，因此得到可以进入碳交易市场的碳排放计量单位。

④ 气候融资通常指以低碳或气候适应力的建设为目标的资金流动。

⑤ 绿色技术创新是对以保护环境为目标的管理创新和技术创新的统称。

我国商业银行绿色金融业务收益率普遍较低，同时银行缺少将绿色金融社会效益转化为经营效益的支持政策，导致商业银行缺乏发展绿色金融的内生动力。绿色发展项目具有前期投入大、收益周期长、现金流覆盖能力低等特点，影响了金融机构参与市场绿色融资交易的积极性，导致当前绿色金融发展面临资金供给不足、激励、内生化较弱、期限匹配度不高多方面问题。胡荣才和张文琼研究发现，绿色金融发展早期成本较高，部分商业银行愿意通过承担短期亏损，提升银行绿色声誉[①]。但随着越来越多的商业银行发展绿色金融，绿色声誉的特殊价值在逐渐减弱，商业银行发展绿色金融的积极性也随之下降。龚晓叶和李颖认为商业银行发展绿色金融的低收益与银行的盈利目的相悖，致使银行发展绿色金融难以兼顾"盈利性"和"社会性"。

对于商业银行发展绿色金融所面临的困难，我国学者建议进一步完善绿色金融发展框架，通过出台激励措施和补贴政策，提升商业银行发展绿色金融的积极性。马骏认为商业银行发展绿色金融所实现的社会最大福利和银行最大利润下的产出数量不一致，我国需要进一步完善支持绿色金融的发展政策，提升绿色投资回报率，出台相关补贴鼓励金融机构深度参与绿色金融发展。王凤荣和王康仕认为我国处于经济转型的关键时期，政府的政策支持对于绿色金融体系的构建必不可少。政府可以采取税收优惠和和财政补贴相结合的手段，鼓励资本在绿色生产方面的投入。

另一类观点认为，商业银行通过发展绿色金融可以提升其盈利能力，有助于商业银行实现社会效益和经营效益双赢。何德旭和张雪兰研究发现，绿色信贷可以降低商业银行的环境风险和社会风险，降低银行整体的不良贷款率。陈伟光和胡当认为绿色信贷可以通过加速产业结构升级，进一步降低产业发展中的摩擦成本[②]和风险水平，助力银行业发展。戴叙贤研究发现商业银行发展绿色信贷，会在环境声誉带来的长期收益和短期较高的业务成本之间寻找平衡。目前我国绿色信贷仍为商业银行绿色金融的主要业务，部分学者将绿色信贷规模作为商业银行绿色金融发展指标，实证检验发现绿色金融对银行经营绩效存在正向影响。马萍和姜海峰基于商业银行短期边际成本曲线和边际收益曲线研究发现，银行发展绿色信贷短期内会增加其营业成本，

---

① 绿色声誉通常指一个企业凭借其过去在绿色管理方面的行为和未来的前景，对所有关键利益相关者产生的吸引力在认知层面的表达。

② 摩擦成本通常指与金融交易执行相关的直接和间接总成本。

但长期来看，绿色信贷所产生的品牌效应和产品差异化效果会形成竞争优势，帮助增加银行增加收益。李爽爽和志学红研究发现扩大绿色信贷规模可以提升商业银行盈利能力。高彤认为绿色信贷规模对国有商业银行经营效率具有微弱的正向影响，对股份制、城市商业银行有显著的负向影响。

2. 推进商业银行数字化转型研究

1）商业银行数字化转型发展历程

目前我国商业银行数字化转型经过多期迭代，正处于"金融+科技"的关键融合阶段。巴曙松认为商业银行数字化转型经历了三个阶段：一是金融IT[①]阶段，二是互联网金融阶段，三是金融科技数字化阶段。谢绚丽认为我国商业银行数字化转型经历了四个主要阶段：第一阶段是物理网点引领下的业务自动化 1.0 时代；第二阶段是互联网金融引领下的业务移动化 2.0 时代；第三阶段是移动终端引领下的业务电子化 3.0 时代；第四阶段是金融科技引领下的业务智能化 4.0 时代。寇冠认为基于不同阶段的技术积累，我国商业银行业数字化转型正处于信息化、移动化、开放化和智能化"四化叠加"阶段。谢绚丽和王诗卉通过战略、业务、管理三个维度构建了一套商业银行数字化转型指数，指数显示我国银行业转型水平正在逐年快速提升。

2）数字化转型与商业银行经营风险

我国学术界关于数字化转型对商业银行风险水平的影响存在不同观点。一部分学者认为商业银行数字化转型可以提高银行风险承担能力。商业银行运用数字技术能够提升银行内部控制水平、改善银企信息不对称的问题，通过提高风险管理能力和经营效率，降低商业银行不良贷款率，缓解银行信贷风险。蒋海的研究结果显示，数字化转型通过降低商业银行管理成本、提高运营效率，降低商业银行风险水平。李振新和陈享光研究认为数字金融可以通过提高资产收益率、降低账面杠杆率和促进资本流动性降低商业银行的风险。

另外一部分学者认为数字化转型会增加商业银行风险水平。多位学者从机构业务关联性角度实证检验了数字化转型对商业银行经营风险的影响。邱

---

① 金融 IT 阶段指金融业借助信息技术的软件和硬件，实现业务流程的电子化和自动化。

晗研究发现金融科技加速了利率市场化①进程，导致银行净息差持续下滑，银行更趋向从事高回报率的同业拆借等业务，增加了银行的经营风险。王道平认为数字技术增加了金融机构之间的关联性和金融体系的复杂性，有可能导致相关风险在金融企业之间传递，进而增加系统性风险。郭品利用我国 36 家上市商业银行的季度面板数据实证检验得到相同结论：金融科技不但增加了银行个体风险水平，并通过加深金融机构关联程度，放大银行业系统性风险。

同时，其他学者认为数字化转型与商业银行的风险水平呈倒 U 形关系。郭品和沈悦研究发现，互联网金融发展初期有助于商业银行降低管理成本和增加风险承担，然而随着互联网金融规模不断扩大，银行风险承担能力会随着资金成本上升不断减弱。赵家琪研究发现，商业银行数字化水平对不良贷款率的影响会随着数字化水平的升高由正转负。杨景陆和粟勤利用我国 117 家中小银行的样本数据，实证检验发现数字金融发展对中小银行的风险水平具有倒 U 形的非线性影响。傅顺利用我国 37 家上市银行数据样本，实证检验发现数字金融发展与商业银行信用风险呈现非线性的倒 U 形关系。

3）数字化转型与商业银行经营效益

我国学者关于数字化转型对商业银行经营效益的观点并不一致。一部分学者认为数字化转型可以提升商业银行经营效益。丁杰研究发现商业银行利用数字技术可以降低交易成本、扩大服务覆盖面、提高风险控制能力，进一步推动普惠金融和绿色金融的发展。李焰和王琳研究发现数字技术可以降低商业银行贷款业务的人工成本，为银行提供稳定现金流，保证了机构业务的"可持续性"。王诗卉和谢绚丽采用北京大学中国商业银行数字化转型指数研究发现，银行数字化转型对银行效益的正向影响随着数字化水平的提高而增强，这种影响对处于认知维度和组织维度转型时期的商业银行更为明显。Liu 和 Wang 基于 2012—2019 年我国 A 股上市公司样本，实证检验发现数字化转型可以促进商业银行对贸易类信贷的供应量，进一步扩大商业银行信贷规模。同时，数字技术对商业银行经营绩效的正向影响存在异质性。张庆君和欧一丁研究发现，相较于股份制商业银行和区域商业银行，数字化转型对大型国有商业银行经营效率的提升作用更为显著。顾海峰和闫君研究发现，数字技术对国有商业银行非利息收入占比的提升有积极作用，但对股份制商业

---

① 利率市场化通常指金融机构在货币市场经营融资的利率水平，由市场供求来决定。

银行和城农商银行的影响不显著。

另一部分学者研究发现数字化转型对银行经营效益存在负面影响。戴国强和方鹏飞指出互联网金融加快了我国利率市场化进程，导致商业银行市场竞争加剧，降低了商业银行贷款规模。郑志来利用我国互联网发展数据与银行业务总量论证了互联网金融对商业银行存款业务的挤出效应。熊健研究发现数字技术发展初期对商业银行的挤出效应大于溢出效应，降低了银行的经营绩效。王小华认为金融科技的"竞争效应"较"技术溢出效应"表现得更为明显，金融科技的发展不仅会降低商业银行的盈利能力，而且会提高银行的经营活动风险。

4）数字化转型与商业银行经营效率

我国学者研究发现数字化转型可以促进商业银行经营效率。数字技术可以增强商业银行的信息处理能力，优化客户体验，帮助商业银行的经营模式实现业务多元化、渠道多元化和产品多元化。张金清的研究表明，数字技术可以通过增强信息甄别能力和优化风险控制模式来提升信贷资源配置。孙中会和逯苗苗通过实证检验发现，数字化转型对商业银行成本效率存在正向影响，特别是人工智能技术和云计算技术对银行成本效率的提升尤为明显。余明桂认为数字化转型可以推动商业银行人力资本升级，优化金融机构组织架构。同时，部分学者研究发现数字化转型对商业银行经营效率的正向影响存在异质性。杨望认为金融科技对我国股份制银行和东部地区银行的全要素生产率影响更显著。杜莉和刘铮认为数字技术对资产规模小、成立时间较短、非上市商业银行经营效率的影响更显著。孙中会和逯苗苗研究发现数字技术对规模较小、大客户依存度低和盈利结构多样的商业银行的经营效率影响更大。李明贤和李琦斓研究发现数字技术对规模较小的农村商业银行效率的正向影响更为显著。

5）数字化转型与商业银行流动性

我国学术界关于数字化转型对商业银行流动性的影响存在两种观点。一部分学者认为数字化转型提升了商业银行流动性创造能力。盛天翔和范从来研究发现数字技术可以提高银行发放贷款和吸收流动性存款的能力，有助于提升银行的流动性创造能力。李学峰和杨盼盼认为数字技术可以显著优化银行存款结构、降低付息成本，提升金融业务的普惠性，增强流动性创造效率。盛天翔验证了技术溢出效应对商业银行流动性创造能力的正向作用。唐绅峰的研究结果表明，数字化转型能显著提高商业银行资本充足水平和流动性水平。同时，部分学者研究发现数字技术会抑制商业银行流动性创造[①]。贺水金和胡灵认为数字金融的短期冲击会恶化银行流动性创造。李建军通过实证检验发现金融科技显著降低了商业银行流动性创造功能，但同时降低了银行流动性风险。宋科研究发现金融科技发展带来的外部竞争效应大于技术溢出效应，对银行流动性创造产生了抑制作用。

3. 数字化转型与绿色金融发展

为帮助机构更好利用数字技术推动绿色金融发展，加快推进数字技术与绿色金融的融合发展，我国学术界提出了"绿色金融科技"和"绿色金融数字化"相关概念。杨农认为绿色金融科技是指借助数字技术提升对环保、清洁能源等领域的金融服务能力，推动绿色金融的可持续发展。肖翔认为绿色金融科技是用于绿色金融业务生产应用的技术手段，能够助力我国实现碳达峰、碳中和。贾超和李智将绿色金融数字化分为三个阶段：初级阶段指用户利用科技手段标记绿色业务；转型阶段指用户利用科技手段推动绿色风险识别流程化；赋能阶段指用户利用金融科技重塑业务模式。

目前，我国学术界关于数字化转型和绿色金融的研究主要集中在利用数字技术解决信息不对称的问题，以降低绿色金融业务识别成本，提升商业银行服务效率。刘涛研究发现数字技术可以提升企业环境信息披露广度、深度和精度。靳景玉和赵瑞认为金融数字化能降低信用风险、完善信息共享、提升金融监管和促进产品创新，进而推动绿色金融发展。黄卓和王萍萍认为数字技术可以缓解绿色金融信息不对称，显著降低商业银行绿色识别成本和风险管理成本，提升金融机构经营效率。同时，金融机构可以通过数字技术改善业务流程、提高业务效率、再造业务模式，在更低的成本下提供更加精细的服务，更好地促进绿色产业发展。从实践角度来看，湖州银行依托大数据和人工智能技术构建的绿色信贷业务平台，实现了绿色信贷识别成本的降低和环境风险管理能力的提升，在利用数字技术推动绿色金融发展方面取得了较为瞩目的成果。

---

① 商业银行流动性创造是关于商业银行为客户（社会）提供多少流动性的指标。当银行将有风险的非流动性资产转化为无风险的流动性负债时，就为客户（社会）创造了流动性。

（三）文献评述

综上所述，国内外学者关于发展绿色金融对国家社会经济转型的积极作用形成了共识。其中，国外多数学者对绿色金融的定义多围绕资源配置进行阐释，认为绿色金融可以提升金融资源在绿色产业的资金效率；我国学者对绿色金融的定义多从绿色产业发展与环境保护角度进行阐释。总的来看国内外学者均认为发展绿色金融可以实现节能减排，对社会可持续发展具有重要意义。

当前学术界关于绿色金融对商业银行经营绩效的影响尚未形成统一观点：一部分学者认为，绿色金融可以为商业银行带来长期稳定的现金流，提升银行环境声誉，对银行绩效存在积极影响。另一部分学者认为，绿色金融业务识别成本较高，业务收益难以覆盖业务成本，对银行绩效有消极影响。但总的来说各类研究均显示绿色金融较高的识别成本会增加商业银行成本负担。绿色金融相关研究如表 0-1 所示。

表 0-1　绿色金融相关研究

研究主题	研究内容	主要研究结论
绿色金融	绿色金融主要作用	（1）优化金融资源配置 （2）保护环境 （3）履行社会责任 （4）推动经济发展
	绿色金融对商业银行经营绩效的影响	（1）绿色金融对商业银行经营绩效的积极影响：绿色金融可以推动绿色产业升级，减少交易成本；降低银行信贷风险，提升商业银行经营绩效 （2）绿色金融对商业银行经营绩效的消极影响：绿色金融前期投入大、收益期长、现金流覆盖能力低、收益不确定、风险高，会降低商业银行盈利能力；影响商业银行发展绿色金融意愿 （3）绿色金融对商业银行经营绩效没有显著影响

国内外学者多围绕数字化转型与商业银行经营风险、经营效益和经营效率三方面进行研究。学术界关于绿色金融对经营风险的影响尚未形成统一观点：一部分学者认为，数字技术增加了商业银行经营风险。数字技术提升了商业银行流动性加快了资本抽离，同时推动了利率市场化，导致商业银行倾向于承担高风险业务，加剧了银行的脆弱性。另一部分学者认为，数字技术提升商业银行客户风险识别能力，降低不良贷款率，增强了银行风险承担能力。学术界关于绿色金融对经营绩效的影响尚未形成统一观点：一部分学者认为，绿色金融对银行绩效存在积极影响，一部分学者持有相反观点，其他部分学者认为长

期来看绿色金融与银行绩效不存在相关关系，但总的来说学术界不否认绿色金融短期内给商业银行增加了成本负担。同时，国内外学者普遍认为，数字化转型可以通过优化商业银行信息处理能力、拓宽获客渠道、丰富产品层次等方面提升银行经营效率。数字化转型相关研究如表 0-2 所示。

表 0-2　数字化转型相关研究

研究主题	研究内容	主要研究结论
数字化转型	数字化转型对商业银行安全性和流动性的影响	（1）数字化转型对商业银行流动性有积极影响：数字化转型可以通过优化存款结构，显著提升银行流动性创造水平 （2）数字化转型对商业银行流动性有消极影响：当数字化转型的外部竞争效应大于技术溢出效应，数字金融的短期冲击抑制了银行流动性创造 （3）数字化转型对商业银行安全性有积极影响：数字化转型可以通过缓解信息不对称，降低银行信贷风险，提升银行风险承担能力 （4）数字化转型对商业银行安全性有消极影响：数字化转型推动利率市场化进程，加快资本抽离速度，增加银行脆弱性，增加系统性风险传递速度，从整体上提升了银行经营风险 （5）数字化转型对商业银行安全性有非线性影响：部分学者研究发现数字化转型对银行风险承担能力呈现倒 U 形影响
	数字化转型对商业银行经营绩效的影响	（1）数字化转型对商业银行经营效益有积极影响：数字化转型可以推动人力资本升级，降低业务成本；增强信息处理能力，推动业务多元化和渠道多元化，利用线上平台改善客户关系，满足差异化需求；促进经营效率 （2）数字化转型对商业银行经营效益有消极：数字化转型推进商业银行市场化进程，导致竞争效应和挤出效应大于技术溢出效应，降低了商业银行的经营绩效 （3）数字化转型对银行经营绩效没有显著影响

国内外学者均认为商业银行数字化转型是推进绿色金融发展的重要路径。数字技术主要通过大数据解决信息不对称的问题，利用人工智能提升对绿色项目风险的甄别能力，改善资产质量，从整体上降低商业银行业务成本。业务流程数字化进一步加强了商业银行部门间的联通，缩短了绿色金融业务审查时间，可以提升商业银行服务质量和服务效率，进一步扩大绿色金融业务规模。同时，商业银行可以依托数字技术提升贷后监管能力，通过线上平台动态反馈资金流向，防止资金的挪用混用。数字化转型与绿色金融的相关研究如表 0-3 所示。

表 0-3　数字化转型与绿色金融的相关研究

研究主题	研究内容	主要研究结论
数字化转型与绿色金融	数字化转型对绿色金融发展的影响	数字化转型可以推动绿色金融的发展：通过解决绿色金融业务信息不对称，推动绿色产品创新，降低监管成本，扩大监管边界，促进环保投资，提升商业银行绿色金融服务能力，推动绿色产业发展

到目前为止，学术者关于绿色金融与商业银行经营绩效、数字化转型与商业银行经营绩效的研究成果较为丰富，但是当前的研究结论并不一致。同时，鲜有学者将三者相结合，探索数字化转型对商业银行绿色金融经营绩效的影响。为弥补这一研究缺口，印证前人的研究结论，本书基于数字经济背景进一步研究数字化转型对商业银行绿色金融经营效益、经营效率和社会效益的影响作用，进一步丰富商业银行绿色金融高质量发展的理论内涵。

三、主要内容与研究方法

本书从我国生态文明建设的战略背景出发，聚焦当前商业银行发展绿色金融的经济负担顾虑，以及经营模式、服务模式的可持续性较弱等现实问题，以数字化转型作为突破口，通过理论分析和实证检验表明数字化转型可以缓解绿色金融带来的经济负担，证明数字化转型对商业银行绿色金融的经营效益、经营效率和社会效益有正向积极的影响，为银行发展绿色金融兼顾经营效益和社会效益提供了有益指导。

（一）基本思路与内容

本研究分为八个部分，分别如下。

第一部分为导论，说明研究背景和研究意义、相关文献综述、主要内容与研究方法、本书的创新点与不足。

第二部分为理论基础与机理分析。首先，梳理国内外文献，概括总结绿色金融和数字化转型发展的理论基础，并阐述商业银行发展绿色金融的必然性；然后，分析绿色金融与商业银行经营效绩效的内在关系，并检验数字化转型对商业银行绿色金融经营绩效影响的作用机理；最后，利用本量利模型分析数字化转型背景下绿色金融对商业银行财务盈亏平衡的影响。

第三部分为发展现状与事实特征。首先，概述绿色金融发展背景与发展现状，论述商业银行发展绿色金融面临的主要矛盾，并对绿色金融与银行经营绩效进行现实考察；然后，概括数字化转型的发展背景与发展现状，探索数字化转型与绿色金融发展的内在关联；最后，归纳总结大数据、区块链、人工智能和云计算四种主流数字技术在商业银行绿色金融中的应用实践。

第四部分为商业银行绿色金融发展水平和数字化转型水平的测度。参考已有研究方法度量商业银行绿色金融发展水平、构建数字化转型指数，并根据测度方法和测度数据的描述性统计分析，选择与商业银行经营效益、经营效率和社会效益高度相关的绿色金融发展水平和数字化转型指数，为后续实证检验提供数据支撑。

第五部分为检验数字化转型对商业银行绿色金融经营效益的影响。首先，实证检验绿色信贷和数字化转型对商业银行经营效益的影响，数字化转型对绿色信贷和银行经营效益的调节效应；然后，检验数字化转型调节作用的信息化机制、风险承担机制、长尾效应机制；最后，验证数字化转型对国有银行和非国有银行绿色信贷与经营效益的门槛效应。

第六部分为检验数字化转型对商业银行绿色金融经营效率的影响。首先，实证研究绿色金融和数字化转型对商业银行全要素生产率的影响，数字化转型对绿色金融和银行全要素生产率的中介效应；然后，从数字化战略、数字化业务和数字化管理三个细分维度检验数字化转型对商业银行全要素生产率的影响。

第七部分检验数字化转型对商业银行绿色金融社会效益的影响。首先，实证研究绿色金融和数字化转型对商业银行社会效益的影响，数字化转型对商业银行绿色金融社会效益的调节效应，数字化转型初期和数字化转型后期对绿色信贷和银行社会效益的影响；然后，检验数字化转型调节作用的环境声誉机制和可持续发展机制。

第八部分为后记。该部分对全书的研究内容进行总结，基于数字化转型赋能绿色金融发展有助于提升商业银行经营效益、经营效率和社会效益的研究结论，为银行加快数字化转型，推动绿色金融的发展，实现商业银行社会效益与经营效益增长的双赢，提供有益建议。

研究框架如图 0-1 所示。

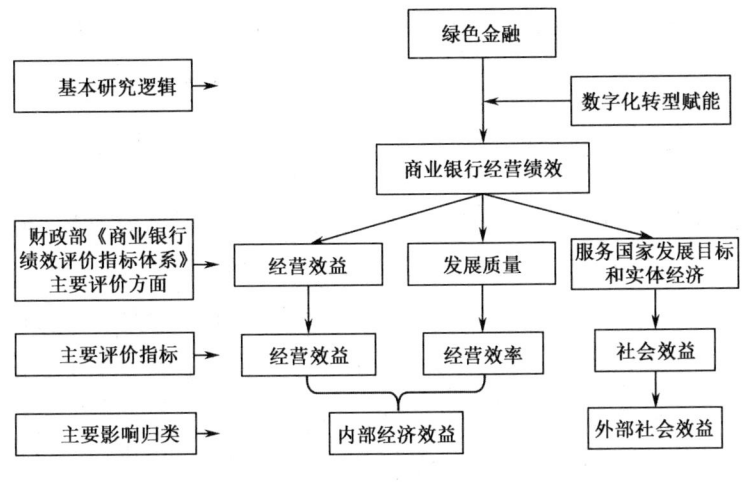

图 0-1 研究框架

（二）研究方法与技术路线

本书旨在从商业银行角度论证数字化转型是推动绿色金融可持续发展的重要抓手。按照顺序，主体内容可分为以下三个部分：第一，数字化转型增加商业银行绿色金融经营效益，并运用实证检验分析结果；第二，数字化转型提升商业银行绿色金融全要素生产率，并运用实证检验分析结果；第三，数字化转型促进商业银行绿色金融社会效益，并运用实证检验分析结果。

1. 规范分析法

在广泛阅读国内外文献的基础上，对相关文献中的研究理论和实证结论进行总结梳理，为后续实证研究提供理论支撑。一方面，根据国内外文献概括绿色金融的发展历程，指出商业银行当前发展绿色金融面临的首要问题。另一方面，基于检验数字化转型对商业银行绿色金融发展影响的研究目的，对当前研究中构建数字化转型与绿色金融发展水平的方法进行梳理对比，选择具有代表性的方法度量数字化转型水平与绿色金融发展水平，为后续章节的实证研究提供数据支撑。

2. 理论建模分析法

利用本量利分析法，基于贷款规模经济、贷款规模不经济和不存在规模经济三种前提假设下，推导商业银行面临绿色信贷成本、数字技术投入成本与不良贷款率发生变化时，推导银行基于盈亏临界理论对贷款规模的管理情况。

3. 实证分析法

通过实证检验探索数字化转型对商业银行绿色金融经营效益、经营效率及社会效益的影响。首先，使用双重固定效应模型检验数字化转型对绿色信贷和商业银行经营效益的调节效应，探索数字技术赋能绿色信贷对银行经营效益的调节作用。然后，参考中介效应的逐步回归法，检验数字化转型对商业银行绿色金融经营效率的影响，探索数字化转型是否能通过绿色金融中介变量对银行经营效率产生影响。最后，使用双重固定效应模型检验数字化转型对商业银行绿色信贷社会效益的调节效应。技术路线图如图 0-2 所示。

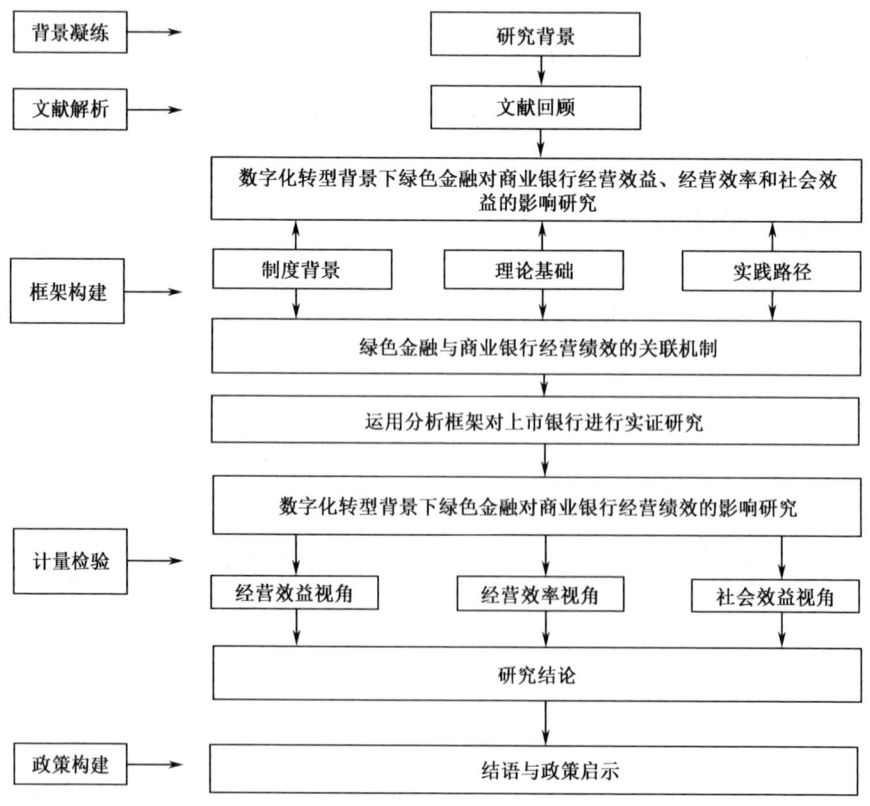

图 0-2　技术路线图

第一章

理论基础与机理分析

第一节　相关理论概述

一、绿色金融发展的经济学解释

（一）绿色发展理论

绿色发展理论源自于经济增长中资源耗竭和生态环境恶化所产生的新发展理念。绿色发展是一种以效率、公平、持续为目标，致力于实现社会经济增长的发展方式。Dinda 认为，绿色发展追求经济增长、污染减少、废弃物和温室气体排放减少的同步实现，以及有效利用资源和保护生物多样性。绿色经济与绿色发展同根同源，绿色经济的概念最早由英国环境经济学家 Pearce 在 1990 年提出，绿色经济是一种基于社会和生态条件的可持续发展方式。这一概念在 2008 年金融危机后被各国逐渐重视。2008 年 10 月，联合国环境署发布了"全球绿色新政"①倡议，旨在全球范围内大力发展绿色经济。总的来看，绿色发展是一种长期发展模式，旨在平衡经济增长、环境保护和社会公平，从而优化生产方式以协调人与自然、人与人之间的矛盾与冲突。绿色发展是实现经济、社会与自然三大系统协同发展，推动我国高质量发展的重要途径。

（二）环境金融理论

环境金融理论旨在通过金融的资源配置功能②解决环境与经济发展不平衡的问题。Cowan 认为环境金融是金融创新同低碳经济相结合的产物。环境金融可以被理解为为达到环境污染防治、环境风险管理、环境资源节约等目的，通过影响经济主体活动而进行的一系列影响经济主体活动的金融创新。

---

① "全球绿色新政"是对环保型政策的统称，涉及环境保护、污染防治、节能减排、气候变化等重大问题。

② 资源配置功能是指通过引导社会资金流向，弥补市场缺陷，最终实现全社会资源配置效率最优的状态。

环境金融理论将低碳经济理论与传统金融业相融合，为金融业注入增长活力的同时，也为人类低碳社会的可持续发展提供理论支持。

（三）企业绩效与环境绩效的矛盾

古典经济学派基于利润最大化理论，认为企业采取环保措施会增加公司成本，降低公司利润，导致企业绩效与环境绩效相矛盾。我国经济高速发展的早期阶段，社会大众的生态环保意识较为欠缺，为追求经济高速增长牺牲了一部分生态环境，这一时期的社会特征印证了古典经济学派关于企业绩效与环境绩效存在矛盾的观点。随着我国经济从高速发展阶段转向高质量发展阶段，我国经济社会形势发生了深刻变化。习近平总书记在中共中央政治局第二十九次集体学习时强调："生态环境保护和经济发展是辩证统一、相辅相成的，建设生态文明、推动绿色低碳循环发展，不仅可以满足人民日益增长的优美生态环境需要，而且可以推动实现更高质量、更有效率、更加公平、更可持续、更为安全的发展。"习近平总书记的论断深刻揭示了经济发展与生态环境的规律，破除了传统观念中企业绩效和环境绩效相互对立的错误认识。

（四）波特假说

20 世纪 90 年代，经济学者 Porter 认为严格的环境保护政策，有助于推动环保方面的技术创新、加快绿色技术的迭代，环保公司还可以提升竞争优势，实现经营收益的增长。基于此该观点，逐渐演变出了著名的波特假说。波特假说认为制定严格的环保政策，可以推动企业的绿色创新，在解决环境污染问题的同时，还可以提升产品质量，缩减成本支出，提高生产效率。

（五）共享价值理论

Porter 和 Kramer 将"共享价值"理论定义为一种可以改善企业所在地区经济发展和社会环境的运营方式。企业需要在其社会活动中将社会问题与企业发展相结合，从而实现以盈利为目的的企业社会责任。当前，一部分企业对价值创造的认识较为狭隘，导致企业在追求短期财务业绩的情况下，忽视了能够带来长期成功的影响因素。非营利组织共益实验室在 2006 年提出了一种新的商业形态——共益企业，这一商业形态与共享价值的理论内涵高度契合。共益企业的经营目标是取得商业价值和社会利益的双重成就，企业在经营中不仅要考虑股东的经济利益，还要为员工、社区、客户和环境等创造利益。

二、数字化转型赋能的金融创新演进

（一）金融创新理论

约瑟夫·熊彼特认为创新是指企业通过对生产要素的重新组合而生成的生产函数，可以帮助企业最大限度地获取超额利润。熊彼特创新理论的重点在于首次强调生产技术进步和生产方法革新对企业发展的重要影响。经济学家约翰·希克斯和尔格·尼汉斯认为降低交易成本是推动金融创新重要因素。一方面，金融创新的主要动机就是降低交易成本，交易成本降低使新的金融业务变得具有实际意义；另一方面，金融创新可以被视为是技术进步所引导的降本成效。金融机构的金融创新主要分为技术创新、产品创新和制度创新。技术创新指采用新的技术形式重新组合生产要素或者采用新的生产要素增加金融机构收益；产品创新指金融机构推出比传统金融产品费用更低、风险更小的新产品；制度创新则是指金融机构通过管理体系变革，进而提升经营效率的过程。

当下，数字技术与金融领域的融合创新逐渐发展成为了一种新业态。这种融合的特点主要表现在两个方面：一方面是新兴信息技术领域的创新，另一方面是金融领域的创新。技术创新是金融创新的重要支撑，新兴信息技术领域的创新能够促进金融领域的创新。具体而言，金融科技虽然遵循金融的本质，但是由于其本身具有技术性的特点，因此能够推动金融产品商业模式、技术应用等方面的创新，从而促进了金融创新发展，拓宽了金融的边界。

（二）信贷配给理论

信贷配给理论是新凯恩斯主义理论之一，该理论否定了古典经济学认为市场中信贷供给会自动出清的观点。信贷配给主要会导致两个结果：第一，贷款申请者不符合贷款条件，商业银行拒绝为其放贷；第二，贷款申请者符合贷款条件，但是商业银行只能满足其部分贷款需求。

随着 20 世纪 70 年代信息经济学的发展，信息不对称假设进一步丰富了信贷配给理论，该假设认为信贷配给制度的产生主要是由于信贷市场信息不对称和代理成本所导致的。Stiglitz 和 Weiss 认为信贷市场信息不对称会导致道德风险和逆向选择。他们认为当商业银行和借款人之间存在信息不对称时，银行无法判断借款人的偿债意愿和违约风险。如果银行通过提高贷款利率来补偿风险，可能会迫使低风险借款人退出市场，反向拉高银行所面临的平均风险水平，导致逆向选择的发生。同时，当借款人面临更高的利率压力时，他们可能会挪用贷款投资高风险的项目以换取高额回报，进而增加贷款的违约风险，产生道德风险。由于市场中信息不对称的问题客观存在，信贷配给作为一种长期存在的均衡状态难以被消除。

随着信息技术的不断发展，商业银行借助数字技术可以更全面、系统、动态地采集借款人的历史信息并对信息进行更有效的加工处理，得出得到更真实的借款情况提高信息透明度，降低信贷市场中的信息不对称，减弱信贷配给的影响。

（三）金融普惠性理论

普惠金融是指为社会各阶层和群体提供可负担的、适当的、有效的金融服务。当前普惠金融的发展普遍面临费用高和效率低的问题。商业银行通常难以获取普惠群体的历史信息，无法准确判断借款人的信用风险，无形中降低了金融服务效率。同时，商业银行面对风险较高的小微客户，不得不通过提高利率对冲风险，进而增加了借款人的成本负担。数字技术可以有效解决商业银行与借款人之间的信息不对称问题，提升银行的风险判断能力，降低交易成本，拓宽服务深度和广度，进一步扩大金融服务的受众群体。

（四）长尾理论

长尾理论由美国学者 Chris Anderson 在 2004 年提出，他通过分析亚马逊等销售网站的商业模式发现，冷门产品在市场中的需求量虽然不大，但所有冷门产品需求叠加后所创造的经济价值可能会超过主流产品市场。这一理论与传统的 20/80 理论相悖，传统 20/80 理论认为主流市场中 20%的高价值客户产生了 80%的经济利润，剩余 80%零散客户对商业利润的贡献并不高。数字经济时代打破了传统产品的销售模式，为长尾市场注入新的活力。数字技术的便利性和可得性可以帮助用户挖掘长尾市场的巨大潜力，商家可以通过满足市场中大量的个性化、差异化需求，以实现新的价值增长。

三、商业银行发展绿色金融的必然趋势

（一）国际气候协定发展历程

纵观历史，气候、环境、资源等自然因素一直都是人类生存和发展的必要条件。工业革命以来，生态环境日益恶化，全球气候变暖、能源危机和疾病肆虐等问题日渐凸显，一系列问题重新唤醒了人类对自然和生态环境的重视。为解决生态环境问题，人类再一次站在了同一战线，寻找经济发展与自然系统之间的平衡。联合国自1992年起定期举办气候变化大会，为全人类共同讨论所面临的环境问题提供平台，旨在加强全球在节能减排方面的合作共识。时至今日，联合国已成功举办27场气候变化大会，各国在应对气候变化方面达成了一系列重要共识，取得了一系列标志性成果。1992年，154个国家签署了由联合国气候变化大会颁布的《联合国气候变化框架公约》（以下简称《公约》），标志着各缔约国就推动社会低碳发展达成了有效共识；1997年联合国对《公约》进行了扩展，使减排温室气体成为发达国家的法定义务，形成了补充条款《京都议定书》；2009年联合国再次对《公约》内容进行补充，约定了发展中国家对温室气体的减排责任，形成了补充条款《哥本哈根议定书》；2016年，193个缔约国签署了《公约》补充条款《巴黎协定》（以下简称《协定》），标志着各国在气候变化治理的国际合作方面达成普遍共识，成为全球向净零排放世界转变的重要里程碑。《协定》确立了2020年后全球应对气候变化制度的总体框架，为推动温室气体减排的国际合作提供了路径参考，成为国际社会推行低碳减排发展的重要标准。

（二）基于金融资源论的理论分析

随着上世纪亚洲金融危机的爆发，金融机构在我国经济发展中发挥的关键作用日益凸显。基于金融危机的逻辑起点，白钦先对传统资源观进行了有益拓展，提出金融是一种资源的观点[①]。基于对金融资源论的研究，白钦先在1998年5月提出了金融可持续发展理论，该理论提倡我国通过建立和健全

---

① 白钦先提出金融是一种资源，是一种社会资源，是一种战略性资源。

金融体制，提高和改善金融效率，合理有效地配置金融资源，从而达到质性金融与量性金融的协调发展。商业银行可以制定相关政策，包括信贷政策、创新金融服务等，使客户和银行之间维持一种健康可持续发展的状态，进而推动绿色金融发展。总的来看，金融可持续发展理论的观点在于聚焦金融资源的稀缺实属性，通过提高金融资源效率，推动社会和经济发展。

现阶段下，绿色金融很好地承担了金融可持续发展的责任。商业银行通过积极引导资本流入环保型企业，提升资金在绿色产业的使用效率，为我国产业结构升级和经济可持续发展提供了有力保障。绿色金融逐渐成为我国可持续金融实现突破发展的重要抓手，它将绿色理念与金融理念相结合，通过资金融通，促进资源合理流动，实现资源利用、经济发展和环境保护三者之间的协调发展。

长期看，商业银行绿色金融发展具有可持续性。绿色金融给商业银行带来的长期收效远远大于短期内增加的营业成本，特别是绿色项目前景好、风险低，具备可持续发展的特性。在"双碳"目标的历史机遇期，商业银行需要从组织架构、产品服务、风险管控等各个环节强化绿色经营理念，多渠道满足低碳发展的资金需求，借助商业模式创新，更好地服务实体经济、支持绿色经济发展。

同时，发展绿色金融是商业银行的内在转型需求。商业银行传统的商业模式面临发展瓶颈，商业银行发展绿色金融既能改善环境问题，又能调节经营收益，是银行实现业务转型的重要路径。当前，我国商业银行逐步加大绿色信贷、绿色债券投放力度，丰富绿色金融产品体系。根据人民银行发布的《2021年金融机构贷款投向统计报告》统计，截至2021年年末，我国本外币绿色贷款余额为15.9万亿元人民币，同比增长33%；2021年境内绿色债券发行量超过6000亿元人民币，同比增长180%。此外，我国商业银行形成了较为丰富绿色金融品类，涵盖了绿色信贷、绿色债券、绿色投资、绿色发展基金、绿色保险、各类碳金融产品，构成了层级丰富产品市场。

（三）绿色金融与商业银行经济效益和社会效益的内在关联

基于可持续发展思想的指导，商业银行的经营目标是实现内部经济效益与外部社会效益的统一兼顾。现阶段，发展绿色金融对商业银行经营效益产生了一定的负面影响，银行在承担社会责任发展绿色金融的同时，面临经济负担。

一方面，商业银行发展绿色金融，不可避免地会增加银行前期的业务成本。商业银行为准确评价融资客户风险情况，需投入额外的人力资源或借助外部机构的数据支持，无形中增加了绿色金融业务成本。同时，商业银行向绿色企业提供融资的同时，降低"两高一剩"企业的贷款规模，增加了资金的机会成本。另外，我国开展绿色金融业务相对滞后，在前期实践中存在一定试错成本。短期看，商业银行开展绿色金融业务，既增加了银行营业成本又减少了贷款收益，对银行经营收益产生了一定影响。

另一方面，商业银行开展绿色金融业务，可以提升行业声誉，吸引绿色环保客户，进一步扩大业务规模，提升银行核心竞争力。绿色环保客户的增加可以降低商业银行不良贷款率，改善资产质量，推动商业银行高质量发展。商业银行在扩大绿色金融服务范围的同时，可以增加社会贡献，帮助银行实现经济效益的同时获得社会效益。

从产业低碳转型角度，污染企业获得信贷支持可以促进生产工艺的改造升级，通过改良传统生产技术，降低商业银行融资项目面临的环境风险。当更多商业银行自觉管理融资项目的环境风险时，可以加快产业转型升级，改善社会的环境状况，降低极端事件发生的可能性，商业银行对生态环境实现的正效应又会对商业银行营收形成积极影响。特别是新兴环保产业基础较为薄弱，产业规模普遍较小，需要政府的政策支持和金融市场的资本支持。商业银行开展绿色信贷业务满足新兴环保产业融资需求的同时，对商业银行经济效益可以产生一定积极影响。

整体看，绿色金融项目市场前景好、风险低，绿色金融长期收益的增加可以抵消短期内营业成本的上升，具备可持续发展的特性。最新披露的数据显示，截至到 2022 年年末，我国 21 家[①]主要商业银行绿色信贷余额达 20.6 万亿元人民币，同比增长 33.8%。同时，我国绿色信贷近 5 年不良贷款率均维

---

① 21 家主要银行机构包括：国家开发银行、中国进出口银行、中国农业发展银行、中国工商银行、中国农业银行、中国银行、中国建设银行、交通银行、中信银行、中国光大银行、华夏银行、广东发展银行、平安银行、招商银行、浦东发展银行、兴业银行、民生银行、恒丰银行、浙商银行、渤海银行、中国邮政储蓄银行。

持在 0.7%以下，远低于同期各类贷款的不良率，发展绿色金融进一步增强了商业银行对环境风险和信用风险的管理能力。

第二节　绿色金融发展与商业银行经营绩效的关系

2021 年 1 月，财政部印发《商业银行绩效评价办法》（财金〔2020〕124 号，以下简称《办法》），对商业银行绩效评价办法做出重大修订。《办法》摒弃了以往以业绩增长为核心的考核标准，财政部根据国家整体发展战略和商业银行功能特点，将修订前的盈利能力、经营增长、资产质量、偿付能力四类考核指标，调整为经营效益、发展质量、服务国家发展目标和实体经济和风险防控四类指标，围绕经营效率、经营效益、社会效益及经营风险四个方面建立了更为全面标准的考核体系。新版《办法》的修改完善，旨在进一步发挥市场机制作用，引导商业银行积极参与绿色金融市场，有效贯彻落实国家宏观政策，积极履行社会责任。

商业银行发展绿色金融与绩效考核中经营效益、发展质量及服务国家发展目标和实体经济具有高度的关联性。商业银行发展绿色金融短期内会增加各项业务成本，对经营效益产生冲击；发展绿色金融需要进一步提升生产要素配置效率，提高投入产出比，改善信贷业务发展质量，提升银行经营效率。发展绿色金融可以推动社会经济的低碳转型，服务国家发展目标和实体经济，产生良好的社会效益。本节将基于基础理论，进一步分析商业银行发展绿色金融与经济效益、经营效益及社会效益的关系。

一、绿色金融与商业银行经营效益

商业银行发展绿色金融对其经营效益的影响存在两面性。第一，根据绿色金融发展理论，社会经济低碳转型是我国实现高质量发展的关键环节，商业银行肩负着提升金融资源配置效率、改善生态环境的社会责任。然而，发展绿色金融短期内给商业银行绩效带来了冲击，导致银行发展绿色金融无法兼顾"经济效益"与"社会效益"。首先，我国商业银行在发展绿色金融初期存在试错成本，只有通过经验积累才能逐渐降低业务的平均支出。然后，由于绿色金融业务中的信息不对称问题，商业银行在对借款人进行资质审核、贷中审批及贷后监管时，需要投入额外的时间成本和人力成本，增加了对借款人的识别成本，降低了银行经营收益。最后，商业银行减少了"两高一剩"行业[1]的贷款投放，扩大绿色信贷规模，增加了银行的机会成本。商业银行向"两高一剩"行业投放的贷款利率远高于绿色信贷利率，短期内会减少银行利息收益。据此，商业银行发展绿色金融无法兼顾"经济效益"和"社会效益"，阻碍了绿色金融的可持续发展。第二，根据环境金融理论，商业银行开展绿色金融业务，在承担社会责任的同时，可以提升其社会影响力，进一步吸引绿色环保客户，扩展服务范围，提升经营效益。商业银行通过开展绿色金融业务可以向社会传达其重视绿色发展的经营理念，在获得投资者和环保支持者的青睐的同时，又能获得政府的绿色补贴，对自身经营效益产生积极的影响，进一步提升核心竞争力和盈利能力。第三，基于风险承担理论，商业银行扩大绿色金融业务规模，增加对环保企业的资金投入，可以加快推动产业的绿色低碳转型，降低高污染企业的信贷违约风险，改善绿色信贷资产质量，提高银行风险承担水平，有利于提升银行经营效益。

二、绿色金融与商业银行经营效率

商业银行发展绿色金融对其经营效率的影响存在两面性。第一，基于波特假说，环境管制会促进商业银行创新，降低绿色金融业务成本支出，提升银行投入产出效率。以绿色信贷为代表的商业银行绿色金融业务具有"一劳永逸"的特点。绿色信贷借款周期较长，当商业银行对单笔业务审批后，可以获得长期稳定的利息收益，有助于提升银行经营效率，增加银行市场竞争力。第二，基于企业绩效与环境绩效的矛盾，商业银行发展绿色金融一方面通过建立环境声誉、降低环境风险可以提高经营收益，另一方面绿色金融较高的识别成本抬高了业务支出，降低了银行人均净利润率。商业银行绿色信贷对其经营效率的积极影响主要反映在建立环境声誉与降低环境风险两个方面。商业银行发展绿色金融可以获得社会公众的认可，通过吸引绿色环保客

---

[1] 两高一剩行业中的"两高"指高污染、高能耗的资源性的行业，"一剩"指产能过剩行业。

户进一步扩大业务规模。同时，发展绿色金融促进了产业结构调整，通过向环保型企业放贷可以降低商业银行环境风险，提升银行经营效率。然而，信息不对称导致绿色金融业务识别成本较高，无形中增加了绿色信贷业务的营业支出，降低了商业银行经营效率。

三、绿色金融与商业银行社会效益

商业银行发展绿色金融是承担社会责任的重要体现。第一，基于环境金融理论，绿色金融是一种可以平衡环境保护和经济发展的重要金融产品，商业银行发展绿色金融既可以实现环保目的又可以推动经济增长，为推动社会发展贡献重要力量。第二，基于共享价值理论，商业银行发展绿色金融需要将环保问题与自身发展相结合，实现以盈利为目的的社会责任。羊子林将社会责任纳入了商业银行经营原则，强调银行承担社会责任、服务实体经济的社会属性。尚福林认为商业银行贯彻创新、协调、绿色、开放、共享五大发展理念是承担社会责任的重要体现。基于共享机制理论的核心内涵，商业银行需要积极承担社会责任，在获得社会认可的同时，可以降低企业经营风险，实现经营效益和社会效益双丰收。

第三节　数字化转型对商业银行绿色金融绩效的影响机理

一、有效提高商业银行的经营效益

商业银行借助数字化转型可以解决绿色金融信息不对称问题，降低银行信贷配给程度，改善风险承担水平，提升银行经营绩效。根据金融创新理论，商业银行采用数字技术可以提升其对数据的收集、存储、处理和分析能力，进一步释放数据要素的生产价值，有效解决绿色金融中银企信息不对称问题，降低绿色金融业务识别成本。Stiglitz 和 Weiss 认为信息不对称是导致银行信贷配给的主要原因。第一，商业银行通过数字化转型解决绿色金融业务中信息不对称的问题，可以提升银行对借款人信贷风险的判断能力，避免逆向选择和道德风险的发生，提高了绿色市场中资金供需双方的匹配概率，降低银行信贷配给程度。第二，随着商业银行对客户风险识别能力的提升，银行可以降低融资方的违约风险，进一步改善绿色信贷资产质量，减少呆账、坏账对银行利润的侵蚀，增强银行的风险承担能力。第三，随着商业银行对客户风险识别能力的提升，银行可以通过满足差异化融资需求，提升绿色金融服务的普惠性，进一步扩大绿色金融业务规模。根据长尾理论，商业银行可以借助数字化转型满足大量分散的非标准化的绿色融资需求，通过发挥长尾效应，扩大绿色金融业务规模，进一步提升银行经营效益。

二、不断凸显商业银行的经营效率

商业银行借助数字化转型可以加快绿色金融业务的审批速度，优化金融资源在绿色行业的配置水平，促进提升银行经营效率。第一，根据金融创新理论，商业银行借助数字技术可以实现业务流程线上化，促进银行的扁平化管理，提升部门间协调沟通效率。同时，商业银行借助数字技术可以实现对关键信息的捕捉，增强其信息获取能力和信息分析能力，显著降低信息不对称所导致的决策滞后概率，提升银行对绿色金融业务的处理效率，加快资金向绿色产业的流入。第二，根据信贷配给理论，商业银行借助数字技术可以解决市场分割问题，进一步提升绿色金融服务范围，扩大绿色金融业务规模，降低业务边际成本，改善经营质量。商业银行利用线上化商务平台、移动支付手段可以解决地理限制所导致的市场分割问题，进一步提升绿色金融服务的普惠性，通过精准匹配客户需求，减少交易中的摩擦成本，极大提高金融资源在绿色产业的配置效率。

三、进一步彰显商业银行的社会效益

商业银行借助数字化转型可以进一步扩大绿色金融业务规模，增加银行环境声誉，提高银行履行社会责任的能力。第一，根据金融普惠性理论，商业银行借助数字技术可以进一步提升金融资源的配置效率，促进普惠对象参与绿色经济、绿色产业和绿色项目的市场交易。同时，普惠金融可以进一步提升商业银行的行业影响力，帮助银行提升行业形象，吸引低碳环保客户，扩大绿色金融经营规模。同时，商业银行扩大绿色金融业务规模可以获得更多政府补贴，形成正反馈的循环机制，提升商业银行履行社会责任的积极性。另一方面，商业银行借助数字化转型实现了绿色金融的商业可持续性。

商业银行通过数字技术解决绿色金融识别成本较高问题的同时，使发展绿色金融"有利可图"，可以兼顾经济效益和社会效益的兼顾，提升商业银行社会责任的履行能力。

第四节　商业银行财务盈亏的平衡机制

商业银行经营效益、经营效率和社会效益之间存在三位一体的发展关系。商业银行经营效益是衡量商业银行盈利能力的重要指标，也是构成银行经营效率和社会效益的重要元素。经营效益是商业银行经营效率中重要的组成部分指标，对社会责任所涵盖的政府税收、股东责任、绿色发展等方面也有重要的影响。从整体上看，商业银行可以从固基、强业、拓链三个视角实现稳定盈利底盘、提升全要素生产率、增强社会责任感的目标。据此，探讨商业银行实施数字化转型和绿色信贷政策对商业银行盈亏平衡的影响，对商业银行数字化转型赋能绿色金融具有重要的指导意义。

本节通过本量利分析法，基于信贷不存在规模经济、信贷规模不经济和规模经济三种前提假设，推导商业银行如何通过管理信贷规模，抵消执行绿色信贷政策与实施数字化转型所增加的业务成本，维持信贷收益的稳定性。

提出分析假设：

a. 商业银行收入全部为信贷利息收入（P），不考虑手续费佣金及其他非利息收入。

b. 商业银行信贷成本包含固定成本（F_C）和可变成本（V_C），其中可变成本（V_C）包含对储户的利息支出（$D \times R_D$）和贷款成本（$K \times D \times M$），其中 D 为储蓄规模，R_D 为存款利率，K 为银行根据储蓄发放信贷的比例，M 为信贷边际成本。

c. 储蓄规模（D）、存款利率（R_D）和信贷利率（R_L）为商业银行外生变量，短期内不发生改变。

d. 商业银行执行绿色信贷政策短期内会增加固定成本（F_C）或改变边际信贷成本（M）。因为商业银行绿色信贷利率低于一般贷款利率，由此产生的机会成本计入贷款边际成本（M）。

e. 商业银行数字化转型会增加银行固定成本（F_C），降低不良信贷率（N），且通过降低信贷不良率所增加的收入小于数字技术投入成本。

f. 不考虑政府部门影响，没有相关税费。

由此，构建银行本量利分析模型。

① 银行收入（I）：

=利息收入=信贷总量（$K \times D$）×信贷利率（R_L）×（1–不良信贷率（N））

② 银行成本（C）=固定成本（F_C）+可变成本（V_C）

其中：固定成本 F_C 为常数

可变成本（V_C）=为储户支付的存款利息（$D \times R_D$）+信贷成本（$K \times D \times M$）

本研究根据信贷成本与信贷总量的关系，基于信贷不存在规模经济（贷款平均成本不变）、存在规模不经济和规模经济的三种前提假设进行数理推导，并且每种假设下将银行执行绿色信贷政策所增加的成本细分为固定成本上升、边际成本上升和两种成本同时上升三种情况进行分析。同时，将商业银行实施数字化转型导致的固定成本上升一并纳入分析。本研究主要分为三步：第一，推导分析商业银行执行绿色信贷后对银行信贷规模和银行利润的影响；第二，推导分析商业银行执行绿色信贷政策后，实施数字化转型对银行信贷规模和银行利润的影响；第三，总结分析不同成本变化情况，商业银行信贷规模的变化情况和利润水平变化情况。

一、基于信贷平均成本不变假设的推导分析

为便于区分推导流程，设商业银行信贷不存在规模经济时银行信贷利润为 P_*^1，信贷规模为 K_*^1，下角标*代表不同情况下的利润水平和信贷规模，*=0、1、2、3… N。贷款边际成本为 M，不随贷款总量 $K \times D$ 变化，当银行初始规模 $K = K_0^1$，银行贷款利润公式为：

$$P_0^1 = \left(K_0^1 \times D\right) \times R_L \times (1 - N) - F_C - \left(D \times R_D\right) - \left(K_0^1 \times D \times M\right) \tag{1-1}$$

商业银行实施绿色信贷政策后商业银行成本上升会出现以下三种情况。

（一）商业银行执行绿色信贷政策导致固定成本上升

假设商业银行执行绿色信贷政策导致固定成本上升 ΔF_C，则在初始信贷规模 K_0^1 不变的情况下，银行信贷利润下降 ΔF_C。

商业银行在执行绿色信贷政策后，为保证信贷利润不低于原信贷规模 K_0^1，通过改变信贷规模增加收入，抵消增加的固定成本 ΔF_C。商业银行需要调整存贷比至 $K = K_1^1$，此时商业银行信贷利润为：

$$P_1^1 = \left(K_1^1 \times D\right) \times R_L \times (1-N) - F_C - \Delta F_C - (D \times R_D) - \left(K_1^1 \times D \times M\right) \quad (1\text{-}2)$$

为保证商业银行执行绿色信贷政策不会导致银行利润下降，则调整存贷比后的银行新增利息收入应大于等于新增绿色信贷成本。

$$\left(K_1^1 - K_0^1\right) \times D \times R_L \times (1-N) = \Delta F_C + \left(K_1^1 - K_0^1\right) \times D \times M \quad (1\text{-}3)$$

推导得出：

$$K_1^1 = K_0^1 + \frac{\Delta F_C}{D\left[R_L(1-N) - M\right]} \quad (1\text{-}4)$$

即商业银行执行绿色信贷政策后，为保证信贷收入不发生变化，需调整贷款比例使 K 大于等于 K_1^1。

商业银行在此情况下实施数字化转型，一般理论认为商业银行采用数字技术会增加固定成本 ΔF_f，降低不良信贷率 ΔN。商业银行实施数字化转型后，对商业银行的利润影响为：在保持信贷规模不变的情况下，$K = K_1^1$，银行利润下降 $K_1^1 DR_L\Delta N - \Delta F_f$，如果通过数字技术降低不良信贷率所增加的收益小于投入成本，那么商业银行在不调整信贷规模的情况下实施数字化转型，会降低银行收益。

商业银行实施数字化转型后，为保证信贷收益不受到影响，需要调整信贷规模至 $K = K_2^1$，则商业银行利润为：

$$P_2^1 = \left(K_2^1 \times D\right) \times R_L \times (1-(N-\Delta N)) - \left(F_C + \Delta F_C + \Delta F_f\right) + (D \times R_D) - \left(K_2^1 \times D \times M\right)$$

$$(1\text{-}5)$$

此时为保证信贷规模调整后商业银行盈利水平不低于实施数字化转型

前，使 $P_1^1 = P_2^1$，则整理公式得：

$$K_2^1 = \frac{K_1^1 D\left[R_L(1-N)-M\right]+\Delta F_f}{DR_L\left[(1-N+\Delta N)-M\right]} \qquad (1\text{-}6)$$

则实施数字化转型后，为保证信贷收入不发生变化，商业银行需调整信贷比例使 K 大于等于 K_2^1。并且，如果商业银行实施数字化转型初期降低了商业银行效益水平，则一定有 K_2^1 大于 K_1^1。不存在信贷规模经济的 K-P 关系如图 1-1 所示。

（二）商业银行执行绿色信贷政策导致信贷边际成本上升

假设商业银行执行绿色信贷政策导致贷款边际成本 M 增加 ΔC，如果银行不改变信贷规模，保持存贷比 $K = K_0^1$，则银行信贷利润下降 $K_0^1 D\Delta C$。

商业银行在执行绿色信贷政策后，为保证信贷利润不低于原信贷规模 K_0^1，通过改变信贷规模增加收入，抵消增加的信贷边际成本 ΔC。商业银行需要调整存贷比至 $K = K_3^1$，此时商业银行利润公式为：

$$P_3^1 = \left(K_3^1 \times D\right) \times R_L \times (1-N) - F_C - (D \times R_D) - K_3^1 \times D \times (M+\Delta C) \qquad (1\text{-}7)$$

如果信贷调整规模，使 $P_3^1 = P_0^1$，简化得到公式：

$$K_3^1 = \frac{K_0^1\left[R_L(1-N)-M\right]}{R_L(1-N)-M-\Delta C} \qquad (1\text{-}8)$$

即商业银行执行绿色信贷政策后，为保证信贷收入不发生变化，需调整贷款比例使 K 大于等于 K_3^1。

商业银行在此情况下实施数字化转型，会增加固定成本 ΔF_f，降低不良贷款率 ΔN，对银行的利润影响为：在保持信贷规模不变的情况下，$K = K_3^1$，银行利润下降 $K_3^1 DR_L\Delta N - \Delta F_f$，如果通过数字技术降低不良信贷率所增加的收益小于投入成本，那么商业银行在不调整信贷规模的情况下实施数字化转型，会降低银行收益。

商业银行实施数字化转型后，为保证信贷效益不受影响，需要调整信贷规模至 $K = K_4^1$，则银行利润为：

$$P_4^1 = \left(K_4^1 \times D \right) \times R_L \times (1 - N + \Delta N) - F_C - \Delta F_f - (D \times R_D) - K_4^1 \times D \times (M + \Delta C)$$

$$（1\text{-}9）$$

此时为保证信贷规模调整后银行盈利水平不低于实施数字化转型前，使 $P_4^1 = P_3^1$，则整理公式得：

$$K_4^1 = \frac{K_3^1 D \left[R_L (1 - N) - M - \Delta C \right] + \Delta F_f}{D \left[R_L (1 - N + \Delta N) - M - \Delta C \right]} \qquad （1\text{-}10）$$

则实施数字化转型后，为保证信贷收入不发生变化，银行需调整贷款比例使 K 大于等于 K_4^1。并且，如果商业银行实施数字化转型降低了商业银行效益水平，则一定有 K_4^1 大于 K_3^1。具体情况如图 1-1 所示。

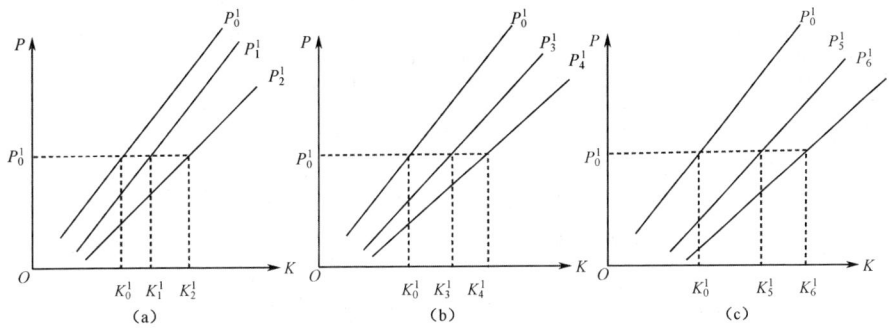

图 1-1　不存在信贷规模经济的 $K\text{-}P$ 关系

（a）商业银行执行绿色信贷政策导致固定成本上升的 $K\text{-}P$ 关系

（b）商业银行执行绿色信贷政策导致信贷边际成本上升的 $K\text{-}P$ 关系

（c）商业银行执行绿色信贷政策导致固定成本和信贷边际成本上升的 $K\text{-}P$ 关系

（三）商业银行执行绿色信贷政策导致固定成本和信贷边际成本上升

假设商业银行执行绿色信贷政策导致固定成本增加 ΔF_C，贷款边际成本 M 增加 ΔC，如果商业银行不改变信贷规模，保持存贷比 $K = K_0^1$，则银行信贷利润下降 $K_0^1 D R_L \Delta N - \Delta F_C - K_0^1 D \Delta C$。

商业银行在执行绿色信贷政策后，为保证信贷利润不低于原信贷规模 K_0^1，通过改变信贷规模增加收入，抵消增加的固定成本 ΔF_C 和信贷边际成本

ΔC。商业银行需要调整存贷比至 $K = K_5^1$，此时银行利润公式为：

$$P_5^1 = \left(K_5^1 \times D\right) \times R_L \times (1 - N) - F_C - \Delta F_C - (D \times R_D) - K_5 \times D \times (M + \Delta C) \quad (1\text{-}11)$$

如果信贷调整规模，使 $P_5^1 = P_0^1$，简化得到公式：

$$K_5^1 = \frac{K_0^1 D \left[R_L(1-N) - \Delta C\right] + \Delta F_C}{D\left[R_L(1-N) - M - \Delta C\right]} \quad (1\text{-}12)$$

即商业银行执行绿色信贷政策后，为保证信贷收入不发生变化，需调整贷款比例使 K 大于等于 K_5^1。

商业银行在此情况下实施数字化转型，会增加固定成本 ΔF_f，降低不良贷款率 ΔN，对商业银行的利润影响为：在保持信贷规模不变的情况下，$K = K_5^1$，商业银行利润下降 $K_5^1 D R_L \Delta N - \Delta F_f$，如果通过数字技术降低不良信贷率所增加的收益小于投入成本，那么商业银行在不调整信贷规模的情况下实施数字化转型，会降低商业银行收益。

商业银行实施数字化转型后，为保证信贷收益不受到影响，需要调整信贷规模至 $K = K_6^1$，则银行利润为：

$$P_6^1 = \left(K_6^1 \times D\right) \times R_L \times (1 - N + \Delta N) - F_C - \Delta F_C - \Delta F_f - (D \times R_D) - K_6^1 \times D \times (M + \Delta C)$$

$$(1\text{-}13)$$

此时为保证信贷规模调整后银行盈利水平不低于实施数字化转型前，使 $P_5^1 = P_6^1$，则整理公式得：

$$K_6^1 = \frac{K_5^1 D \left[R_L(1-N) - M - \Delta C\right] + \Delta F_f}{D\left[R_L(1-N+\Delta N) - M - \Delta C\right]} \quad (1\text{-}14)$$

则实施数字化转型后，为保证信贷收入不发生变化，商业银行需调整信贷比例使 K 大于等于 K_6^1。并且，如果商业银行实施数字化转型降低了商业银行收益水平，则一定有 K_6^1 大于 K_5^1。具体情况如图 1-1 所示。

综上所述，当商业银行信贷不存在规模经济效应时，推导发现：商业银行可以通过提高信贷规模，增加信贷利润，弥补执行绿色信贷政策和实施数字化转型所增加的成本。商业银行执行绿色信贷政策，短期内面临收入下降的压力，一定会改变信贷规模稳定信贷利润。商业银行在执行绿色信贷政策的基础上实施数字化转型,如果通过数字技术增加的信贷收入高于技术投入成本,商业银行不用调整信贷规模,反之商业银行则需要调整信贷规模。信贷规模调整的比例取决于数字技术增加的收入占上升成本的比例,比例越高,则调整的规模越小。

二、基于信贷规模不经济假设的推导分析

为便于区分推导流程,设商业银行信贷规模不经济时银行信贷利润为 P_*^2,信贷规模为 K_*^2,下角标*代表不同情况下的利润与信贷规模,*=0,1,2,3,…,N。当商业银行贷款边际成本 M 随信贷总额增加而增加,则边际信贷成本可表示为:

$$M = m + \rho(K \times D),(R_L(1-N) \geq M \geq m > 0, \rho > 0) \qquad (1\text{-}15)$$

式(1-15)中假定信贷边际成本与信贷规模呈线性关系,m 为边际成本的常数值;ρ 表示信贷规模每增加 1 单位,信贷边际成本增加 ρ 单位。同时,R_L 代表商业银行信贷边际利润,$R_L(1-N)$ 代表商业银行扣除不良信贷率后的实际边际利润,只有当商业银行实际边际利润 $R_L(1-N)$ 大于等于边际成本 M 的情况下,银行才会继续发放信贷。此时,商业银行的初始信贷利润公式 P_0^2 可以表示为:

$$P_0^2 = -\rho K_0^{22} D^2 + K_0^2 \times D \times [R_L(1-N) - m] - F_C - D \times R_D \qquad (1\text{-}16)$$

根据式(1-16)可知,商业银行存在信贷规模不经济情况时,银行信贷利润为开口向下的一元二次方程。

(一)商业银行实施绿色信贷导致固定成本上升

假设商业银行执行绿色信贷政策导致固定成本上升 ΔF_C,则在初始信贷规模 K_0^2 不变的情况下,银行信贷利润下降 ΔF_C。

商业银行在执行绿色信贷政策后,为保证信贷利润不低于原信贷规模 K_0^2,通过改变信贷规模增加收入,抵消增加的固定成本 ΔF_C。商业银行需要调整存贷比至 $K = K_1^2$,此时商业银行贷款利润为:

$$P_1^2 = -\rho K_1^{22} D^2 + K_1^2 \times D \times [R_L \times (1-N) - m] - F_C - \Delta F_C - D \times R_D \qquad (1\text{-}17)$$

为保证商业银行执行绿色信贷政策不会导致利润下降，则调整存贷比后的商业银行新增利息收入应大于等于新增绿色信贷成本，使 $P_0^2 = P_1^2$，推导得到 K_0^2 与 K_1^2 的关系式为：

$$-\rho D^2 \left(K_1^{22} - K_0^{22}\right) + D\left[R_L \times (1-N) - m\right] \times \left(K_1^2 - K_0^2\right) - \Delta F_C = 0 \quad (1\text{-}18)$$

令 $R_L \times (1-N) - m = \pi_1$，将式（1-18）带入计算软件求解 K_1^2。

通过图 1-2 可知当 K_0^2 处于 $[K^1, K^2]$ 区间内公式无解，即商业银行存贷比 K_0^2 处于 $[K^1, K^2]$ 区间时，商业银行执行绿色信贷政策后，无论怎样改变信贷规模都无法增加利润。因为该区间内对应的利润水平整体高于商业银行执行绿色信贷政策后所能达到的最高利润。当 K_0^2 小于 K^1 时，商业银行可以调整存贷比从 K_0^2 至 K_1^2，但不高于 K^1 水平，提升信贷利润，抵消增加的信贷成本。而当初始信贷规模 K_0^2 大于 K^2 时，根据图 1-2 可知商业银行处于利润总额随信贷总量增加而减少的阶段，商业银行可以通过降低信贷总量来减少成本支出，从而提升贷款利润水平。

商业银行在此情况下实施数字化转型，一般理论认为银行采用数字技术会增加固定成本 ΔF_f，降低不良贷款率 ΔN。商业银行实施数字化转型后，对商业银行的利润影响为：在保持信贷规模不变的情况下，$K = K_1^2$，银行利润下降 $K_1^2 D R_L \Delta N - \Delta F_f$，如果通过数字技术降低不良信贷率所增加的收益小于投入成本，那么商业银行在不调整信贷规模的情况下实施数字化转型，会降低银行收益。

商业银行实施数字化转型后，为保证信贷收益不受到影响，需要调整信贷规模至 $K = K_2^2$，则银行利润为：

$$P_2^2 = -\rho K_2^{22} D^2 + K_2^2 \times D \times \left[R_L \times (1-N+\Delta N) - m\right] - F_C - \Delta F_C - \Delta F_f - D \times R_D$$

$$(1\text{-}19)$$

为保证信贷规模调整后商业银行盈利水平不低于实施数字化转型前，使 $P_1^2 = P_2^2$，则整理公式得到 K_2^2 与 K_1^2 的关系式为：

$$-\rho D^2 \left(K_2^{22} - K_1^{22}\right) + D\left[R_L \times (1-N) - m\right]\left(K_2^2 - K_1^2\right) + K_2^2 D R_L \Delta N - \Delta F_C - \Delta F_f = 0$$

$$(1\text{-}20)$$

令 $R_L(1-N)-m=\pi_1$、$R_L\Delta N=\pi_2$，将（1-21）带入计算软件求解 K_2^2。

信贷规模不经济的 $K\text{-}P$ 关系如图 1-2 所示。通过图 1-2 可知，当 K_1^2 处于 $[K^3,K^4]$ 区间内，商业银行实施数字化转型后，无论怎样改变信贷规模都无法增加利润。因为该区间内对应的利润水平整体高于商业银行实施数字化转型后所能达到的最高利润。当 K_1^2 小于 K^3 时，商业银行可以通过调整存贷比从 K_1^2 至 K_2^2，但不高于 K^3 的水平，提升信贷利润，抵消增加的投入成本。而当贷款规模 K_1^2 大于 K^4 时，根据图 1-2 可知，商业银行处于利润总额随信贷总量增加而减少的阶段，银行可以通过降低贷款规模来提升利润水平。

（二）商业银行执行绿色信贷政策导致贷款边际成本上升

假设商业银行执行绿色信贷政策导致信贷边际成本 M 增加固定值 ΔC，则商业银行开展绿色信贷业务后边际成本为：

$$M=(m+\Delta C)+\rho(K\times D)，\ \left(R_L(1-N)\geqslant M\geqslant C>\Delta C>0,1>\rho>0\right)（1\text{-}21）$$

如果商业银行不改变信贷规模，在初始信贷规模 K_0^2 不变的情况下，银行信贷利润下降 ΔCK_0^2D。

商业银行在执行绿色信贷政策后，为保证信贷利润不低于原信贷规模 K_0^2，通过改变贷款规模增加收入，抵消增加的信贷成本。商业银行需要调整存贷比至 $K=K_3^2$，此时商业银行信贷利润为：

$$P_3^2=-\rho K_3^{2^2}D^2+K_3^2\times D\times\left[R_L\times(1-N)-m-\Delta C\right]-F_C-D\times R_D \quad（1\text{-}22）$$

为保证商业银行执行绿色信贷政策不会导致利润下降，则调整存贷比后的商业银行新增利息收入应大于等于新增绿色信贷成本，使 $P_0^2=P_3^2$，令 $R_L\times(1-N)-m=\pi_1$，并将公式带入计算软件求解。

根据图 1-2 可知，商业银行存贷比 K_0^2 处于 $[K^5,K^6]$ 区间时，商业银行执行绿色信贷政策后，无论怎样改变信贷规模都无法增加利润。因为该区间内对应的利润水平整体高于商业银行执行绿色信贷政策后所能达到的最高利润。当 K_0^2 小于 K^5 时，商业银行可以通过调整信贷规模从 K_0^2 至 K_3^2，但不高于 K^5 的水平，提升信贷利润，抵消增加的信贷成本。而当 K_0^2 大于 K^6 时，根据图 1-2 可知商业银行处于利润总额随信贷总量增加而减少的阶段，商业银行可以通过降低信贷总量来减少成本支出，从而提升信贷利润水平。

商业银行在此情况下实施数字化转型，一般理论认为商业银行采用数字技术会增加固定成本 ΔF_f，降低不良贷款率 ΔN。商业银行实施数字化转型后，对商业银行的利润影响为：在保持信贷规模不变的情况下，$K = K_3^2$，银行利润下降 $K_3^2 DR_L \Delta N - \Delta F_f$，如果通过数字技术降低不良信贷率所增加的收益小于投入成本，那么商业银行在不调整信贷规模的情况下实施数字化转型，会降低银行收益。

商业银行实施数字化转型后，为保证信贷收益不受到影响，需要调整信贷规模至 $K = K_4^2$，则银行利润为：

$$P_4^2 = -\rho K_4^{22} D^2 + K_4^2 \times D \times \left[R_L \times \left(1 - N + \Delta N\right) - m - \Delta C \right] - F_C - \Delta F_f - D \times R_D$$

$$(1\text{-}23)$$

此时为保证信贷规模调整后商业银行盈利水平不低于实施数字化转型前，使 $P_4^2 = P_3^2$，令 $R_L \left(1 - N\right) - m = \pi_1$、$R_L \Delta N - \Delta C = \pi_2$，带入计算软件求解 K_4^2。

通过图 1-2 可知当 K_3^2 处于区间 $[K^7, K^8]$ 区间内，银行实施数字化转型后，无论怎样改变信贷规模都无法增加利润。因为该区间内对应的利润水平整体高于商业银行实施数字化转型后所能达到的最高利润。当 K_3^2 小于 K^7 时，商业银行可以通过调整存贷比从 K_3^2 至 K_4^2，但不高于 K^7 的水平，提升信贷利润，抵消增加的投入成本。而当 K_3^2 大于 K^8 时，根据图 1-2 可知商业银行处于利润总额随信贷总量增加而减少的阶段，商业银行可以通过降低信贷规模来提升利润水平。

（三）商业银行执行绿色信贷政策导致固定成本和信贷边际成本上升

假设商业银行执行绿色信贷政策导致固定成本增加 ΔF_C，贷款边际成本 M 增加 ΔC，如果银行不改变信贷规模，保持存贷比 $K = K_0^2$，则银行利润下降 $\Delta C K_0^2 D + \Delta F_C$。

商业银行在执行绿色信贷政策后，为保证信贷利润不低于原信贷规模

K_0^2，通过改变信贷规模增加收入，抵消增加的固定成本 ΔF_C 和信贷边际成本 ΔC。商业银行需要调整存贷比至 $K = K_5^2$，此时银行利润公式为：

$$P_5^2 = -\rho K_5^{2^2} D^2 + K_5^2 \times D \times \left[R_L \times (1-N) - m - \Delta C \right] - F_C - \Delta F_C - D \times R_D \quad (1\text{-}24)$$

为保证商业银行执行绿色信贷政策不会导致利润下降，则调整存贷比后的银行新增利息收入应大于等于新增绿色信贷成本，使 $P_0^2 = P_5^2$，令 $R_L \times (1-N) - m = \pi_1$，带入计算软件求解 K_5^2。

通过图 1-2 可知，当商业银行存贷比 K_0^2 处于 $[K^9, K^{10}]$ 区间时，商业银行执行绿色信贷政策后，无论怎样改变信贷规模都无法增加利润。因为该区间内对应的利润水平整体高于商业银行执行绿色信贷政策后所能达到的最高利润。

当 K_0^2 小于 K^9 时，商业银行可以调整存贷比从 K_0^1 至 K_5^2，但不高于 K^9 的水平，提升信贷利润，抵消增加的信贷成本。而当初始信贷规模 K_0^2 大于 K^{10} 时，根据图 1-2 可知商业银行处于利润总额随信贷总量增加而减少的阶段，商业银行可以通过降低信贷总量来减少成本支出，从而提升信贷利润水平。

商业银行在此情况下实施数字化转型，一般理论认为商业银行采用数字技术会增加固定成本 ΔF_f，降低不良贷款率 ΔN。商业银行实施数字化转型后，对银行的利润影响为：在保持信贷规模不变的情况下，$K = K_5^2$，银行利润下降 $K_5^2 D R_L \Delta N - \Delta F_f$，如果通过数字技术降低不良贷款率所增加的收益小于投入成本，那么商业银行在不调整信贷规模的情况下实施数字化转型，会降低商业银行收益。

商业银行实施数字化转型后，为保证信贷收益不受到影响，需要调整信贷规模至 $K = K_6^2$，则银行利润为：

$$P_6^2 = -\rho K_6^{2^2} D^2 + K_6^2 \times D \times \left[R_L \times (1-N+\Delta N) - m - \Delta C \right] - F_C - \Delta F_C - \Delta F_f - D \times R_D$$

$$(1\text{-}25)$$

此时为保证信贷规模调整后银行盈利水平不低于实施数字化转型前，使 $P_5^2 = P_6^2$，

令 $R_L(1-N) - m = \pi_1$、$R_L \Delta N - \Delta C = \pi_2$，带入计算软件求解 K_6^2。

通过图 1-2 可知当 K_5^2 处于 $[K^{11}, K^{12}]$ 区间内，商业银行实施数字化转型后，无论怎样改变信贷规模都无法增加利润。因为该区间内对应的利润水平整体高于商业银行实施数字化转型后所能达到的最高利润。

当 K_5^2 小于 K^{11} 时，商业银行可以通过调整存贷比从 K_5^2 至 K_6^2，但不高于 K^{11} 的水平提升信贷利润，抵消增加的投入成本。而当信贷规模 K_5^2 大于 K^{12} 时，根据图 1-2 可知，商业银行处于利润总额随信贷总量增加而减少的阶段，银行可以通过降低信贷规模来提升利润水平。

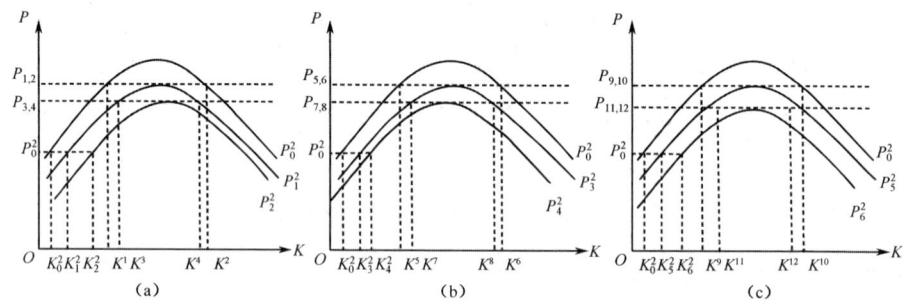

图 1-2　信贷规模不经济的 K-P 关系

（a）M 递增、增加 ΔF_C 时、以及 ΔF_f 和 ΔN 增加时，K-P 关系

（b）M 递增、增加 ΔC 时、以及 ΔF_f 和 ΔN 增加时，K-P 关系

（c）M 递增、ΔF_C 和 ΔC 同时增加、以及 ΔF_f 和 ΔN 增加时，K-P 关系

综上所述，当商业银行信贷规模不经济时，推导发现：商业银行信贷规模处于特定区间时，可以通过提高信贷规模，增加信贷利润，弥补执行绿色信贷政策和实施数字化转型所增加的成本。商业银行执行绿色信贷政策初期，如果商业银行不改变信贷规模，增加的信贷成本会降低商业银行利润。在这种情况下实施数字化转型，并不会扭转利润下行的趋势。商业银行可以通过调整信贷规模、增加收入，弥补商业银行执行绿色信贷政策和实施数字化转型增加的成本，但作用有限。如果商业银行初始信贷规模已经处于利润曲线的最高区间，在信贷规模不经济的情况下，商业银行扩大信贷规模并不会增加银行收入。如果商业银行利润仍存在很大的上升空间，那么商业银行调整信贷规模可以缓解成本上升的压力。

三、基于贷款规模经济假设的推导分析

为便于区分推导流程，设商业银行信贷规模经济时银行信贷利润为 P_*^3，信贷规模为 K_*^3，下角标*代表不同情况下的利润和贷款规模，*=0,1,2,3,…,N。

当商业银行信贷边际成本 M 随信贷总额增加而减少，则边际信贷成本可表示为：

$$M = q - \rho(K \times D), \quad \left(R_L(1-N) \geqslant M \geqslant q > 0, \rho > 0\right) \tag{1-26}$$

式（1-26）中将信贷边际成本 M 简化为一次函数，q 为边际成本的常数项；ρ 表示信贷规模每增加 1 单位，信贷边际成本减少 ρ 单位。同时，R_L 代表商业银行信贷边际利润，$R_L(1-N)$ 代表商业银行扣除不良信贷率后的实际边际利润，只有当商业银行实际边际利润 $R_L(1-N)$ 大于等于边际成本 M 的情况下，商业银行才会继续发放贷款。

此时，商业银行的初始贷款利润公式 P_0^3 可以表示为：

$$P_0^3 = \rho K_0^{3^2} D^2 + K_0^3 \times D \times \left[R_L \times (1-N) - q\right] - F_C - D \times R_D \tag{1-27}$$

根据式（1-33）可知，商业银行存在信贷规模经济的情况时，银行信贷利润为开口向上的一元二次方程。

（一）商业银行实施绿色信贷导致固定成本上升

假设商业银行执行绿色信贷政策导致固定成本上升 ΔF_C，则在初始信贷规模 K_0^3 不变的情况下，银行信贷利润下降 ΔF_C。

商业银行在执行绿色信贷政策后，为保证信贷利润不低于原信贷规模 K_0^3，通过改变信贷规模增加收入，抵消增加的固定成本 ΔF_C。商业银行需要调整存贷比至 $K = K_1^3$，此时商业银行信贷利润为：

$$P_1^3 = \rho K_1^{3^2} D^2 + K_1^3 \times D \times \left[R_L \times (1-N) - q\right] - F_C - \Delta F_C - D \times R_D \tag{1-28}$$

为保证商业银行执行绿色信贷政策不会导致利润下降，则调整存贷比后

的商业银行新增利息收入应大于等于新增绿色信贷成本，使 $P_0^3 = P_1^3$，令 $R_L \times (1-N) - q = \pi_1$，并带入计算软件求解 K_1^3。

根据图1-3可知，排除 K_1^3 小于零的解后，商业银行可以通过扩大信贷规模，增加信贷收入，来弥补执行绿色信贷政策增加的成本。

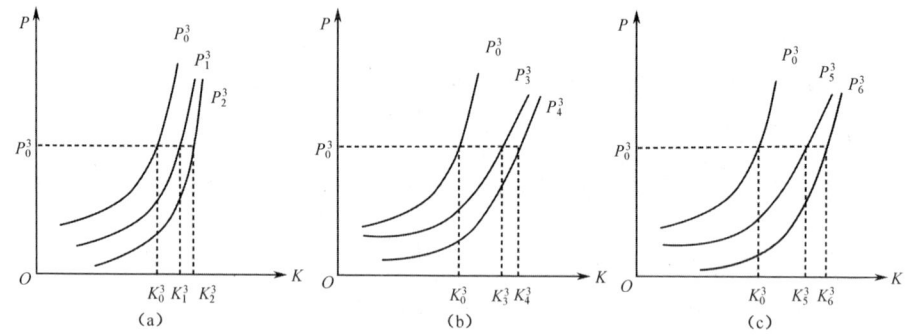

图 1-3 信贷规模经济的 K-P 关系

（a）商业银行执行绿色信贷政策导致固定成本上升的 K-P 关系

（b）商业银行执行绿色信贷政策导致信贷边际成本上升的 K-P 关系

（c）商业银行执行绿色信贷政策导致固定成本和信贷边际成本上升的 K-P 关系

商业银行在此情况下实施数字化转型，一般理论认为商业银行采用数字技术会增加固定成本 ΔF_f，降低不良贷款率 ΔN。商业银行实施数字化转型后，对银行的利润影响为：在保持信贷规模不变的情况下，$K = K_1^3$，银行利润下降 $K_1^3 D R_L \Delta N - \Delta F_f$，如果通过数字技术降低不良信贷率所增加的收益小于投入成本，那么商业银行在不调整信贷规模的情况下实施数字化转型，会降低银行利润。

商业银行实施数字化转型后，为保证信贷收益不受到影响，需要调整信贷规模至 $K = K_2^3$，则银行利润为：

$$P_2^3 = \rho K_2^{3\,2} D^2 + K_2^3 \times D \times [R_L \times (1 - N + \Delta N) - q] - F_C - \Delta F_C - \Delta F_f - D \times R_D$$

$$(1\text{-}29)$$

此时为保证信贷规模调整后银行盈利水平不低于实施数字化转型前，使 $P_1^3 = P_2^3$，

令 $R_L(1-N) - q = \pi_1$、$R_L \Delta N = \pi_2$，带入计算软件求解 K_2^3。

信贷规模经济的 *K-P* 关系如图 1-3 所示。通过图 1-3 可知，排除 K_2^3 小于零的解后，商业银行可以通过扩大信贷规模，增加信贷收入，来弥补执行绿色信贷政策和实施数字化转型所增加的成本。

（二）商业银行执行绿色信贷政策导致信贷边际成本上升

假设商业银行执行绿色信贷政策导致贷款边际成本 M 增加 ΔC，则边际成本 M 公式为：

$$M = (q + \Delta C) - \rho(K \times D), \quad (R_L(1-N) \geqslant M \geqslant q > \Delta C > 0, 1 > \rho > 0) \quad （1\text{-}30）$$

式（1-30）中假定贷款边际成本与信贷规模呈线性关系，q 为边际成本的常数值；ρ 表示信贷规模每增加 1 单位，信贷边际成本减少 ρ 单位。同时，$R_L(1-N)$ 代表商业银行扣除不良信贷率后的实际边际利润，只有当商业银行实际边际利润 $R_L(1-N)$ 大于等于边际成本 M 的情况下，商业银行才会继续发放信贷。如果商业银行不改变信贷规模，在初始信贷规模 K_0^3 不变的情况下，银行信贷利润下降 $\Delta C K_0^3 D$。

商业银行在执行绿色信贷政策后，为保证信贷利润不低于原信贷规模 K_0^2，通过改变信贷规模增加收入，抵消增加的信贷成本。商业银行需要调整存贷比至 $K = K_3^3$，此时商业银行信贷利润为：

$$P_3^3 = \rho K_3^{32} D^2 + K_3^3 \times D \times [R_L \times (1-N) - q - \Delta C] - F_C - \Delta F_f - D \times R_D \quad （1\text{-}31）$$

为保证商业银行执行绿色信贷政策不会导致利润下降，则调整存贷比后的商业银行新增利息收入应大于等于新增绿色信贷成本，使 $P_0^3 = P_3^3$，令 $R_L \times (1-N) - q = \pi_1$，并将公式带入计算软件求解。

根据图 1-3 可知，排除 K_3^3 小于零的解后，商业银行可以通过扩大信贷规模，增加信贷收入，来弥补执行绿色信贷政策增加的成本。

商业银行在此情况下实施数字化转型，一般理论认为商业银行采用数字技术会增加固定成本 ΔF_f，降低不良贷款率 ΔN。商业银行实施数字化转型后，对银行的利润影响为：此时若引入数字技术，增加银行固定成本 ΔF_f，降低贷款不良率 ΔN。在信贷规模 $K = K_3^3$ 不变的情况下，商业银行利润相比较仅实行绿色信贷政策时下降 $K_3^3 D R_L \Delta N - \Delta F_f$。

商业银行实施数字化转型政策后，为保证贷款收益不受到影响，需要调整信贷规模至 $K=K_4^3$，则商业银行利润为：

$$P_4^3 = \rho K_4^{32} D^2 + K_4^3 \times D \times \left[R_L \times (1-N+\Delta N) - q - \Delta C \right] - F_C - \Delta F_f - D \times R_D$$

$$(1\text{-}32)$$

此时为保证贷款规模调整后银行盈利水平不低于实施数字化转型前，使 $P_4^3 = P_3^3$，

令 $R_L(1-N)-q=\pi_1$、$R_L \Delta N - \Delta C = \pi_2$，带入计算软件求解 K_4^3。

通过图 1-3 可知，排除 K_4^3 小于零的解后，商业银行可以通过增加信贷规模，增加信贷收入，来弥补执行绿色信贷政策和实施数字化转型所增加的成本。

（三）商业银行执行绿色信贷政策导致固定成本和信贷边际成本上升

假设商业银行执行绿色信贷政策导致固定成本增加 ΔF_C，贷款边际成本 M 增加 ΔC，如果银行不改变信贷规模，保持存贷比 $K=K_0^3$，则商业银行信贷利润下降 $\Delta C K_0^3 D + \Delta F_C$。

商业银行在执行绿色信贷政策后，为保证信贷利润不低于原信贷规模 K_0^3，通过改变信贷规模增加收入，抵消增加的固定成本 ΔF_C 和信贷边际成本 ΔC。商业银行需要调整存贷比至 $K=K_5^3$，此时商业银行利润为：

$$P_5^3 = \rho K_5^{32} D^2 + K_5^3 \times D \times \left[R_L \times (1-N) - q - \Delta C \right] - F_C - \Delta F_C - D \times R_D \quad (1\text{-}33)$$

此时为保证信贷规模调整后商业银行盈利水平不低于执行绿色信贷政策前，使 $P_5^2 = P_0^2$，令 $R_L(1-N)-q=\pi_1$，带入计算软件求解 K_6^3。

根据图 1-3 可知，排除 K_5^3 小于零的解后，商业银行可以通过扩大信贷规模，增加信贷收入，来弥补执行绿色信贷政策增加的成本。

商业银行在此情况下实施数字化转型，一般理论认为商业银行采用数字技术会增加固定成本 ΔF_f，降低不良贷款率 ΔN。商业银行实施数字化转型后，对银行的利润影响为：在保持信贷规模不变的情况下，$K=K_5^3$，银行利

润下降 $K_5^3 DR_L (\Delta N - \Delta C) + \Delta F_f$，如果通过数字技术降低不良信贷率所增加的收益小于投入成本，那么商业银行在不调整贷款规模的情况下实施数字化转型，会降低银行利润。

商业银行实施数字化转型后，为保证信贷效益不受到影响，需要调整信贷规模至 $K = K_6^3$，则银行利润为：

$$P_6^3 = \rho K_6^{32} D^2 + K_6^3 \times D \times \left[R_L \times (1 - N + \Delta N) - q - \Delta C \right] - F_C - \Delta F_f - D \times R_D$$

（1-34）

此时为保证信贷规模调整后商业银行盈利水平不低于实施数字化转型前，使 $P_5^3 = P_6^3$，令 $R_L (1 - N) - q = \pi_1$、$R_L \Delta N - \Delta C = \pi_2$。

通过图 1-3 可知，排除 K_6^3 小于零的解后，商业银行可以通过扩大信贷规模，增加信贷收入，来弥补执行绿色信贷政策和实施数字化转型所增加的成本。

综上所述，当商业银行存在信贷规模经济效的情况下，推导发现：商业银行可以通过提高信贷规模，增加信贷利润，弥补执行绿色信贷政策和实施数字化转型所增加的成本。商业银行执行绿色信贷政策，短期内面临收入下降的压力，银行会通过改变信贷规模来稳定利润水平。商业银行在执行绿色信贷政策的基础上实施数字化转型，如果通过数字技术增加的信贷收入高于技术投入成本，商业银行不用调整信贷规模，反之商业银行则需要调整信贷规模。信贷规模调整的比例取决于数字技术增加的收入占上升成本的比例，比例越高，则调整的规模越小。

本章主要概述了绿色金融和数字化转型发展的理论基础，并阐明数字化赋能绿色金融影响商业银行经营绩效的作用机理。首先，本章总结概括绿色金融和数字化转型发展的理论基础，讨论绿色金融与商业银行经营绩效的内在关联机制；其次，分析绿色金融对商业银行经营绩效影响的理论机理，并从数字化转型角度进一步探索绿色金融影响银行经营绩效的作用机制；最后，利用本量利模型分析数字化转型下绿色金融影响商业银行财务盈亏平衡的机制。我们发现当商业银行存在信贷规模经济和不存在信贷规模经济的情况时，商业银行执行绿色信贷政策和实施数字化转型所增加的成本，短期内可以通过调整信贷规模来维持盈利平衡。当商业银行信贷规模不经济时，商业银行信贷规模与利润曲线呈倒 U 形关系，初始信贷规模位于特定区间内，商业银行无法通过调整信贷规模来维持盈利平衡。本章通过讨论数字化转型赋能绿色金融对银行经营绩效的影响，进一步理清了研究内容的逻辑关系，并在下一章中介绍绿色金融和数字化转型的现实发展情况，以及数字技术在商业银行绿色金融业务中的应用实践。

第二章

发展进程与事实特征

第一节　绿色金融发展的起点与困境

一、绿色金融与生态文明建设

（一）生态文明建设的顶层设计

生态文明是指以人与自然、人与人和谐共生、全面发展、持续繁荣为基本宗旨的文化伦理形态。中国特色生态文明建设要求统筹当前发展和长远发展的需要，既积极实现当前目标，又为长远发展创造有利条件，是中国特色社会主义事业的重要内容。推进生态文明建设，实现可持续发展，意义重大而深远。

生态文明建设是关系中华民族永续发展的根本大计，是我国历年国家发展纲要的重要组成部分。1992 年，我国参加联合国环境与发展大会，签署《里约环境与发展宣言》和《21 世纪议程》，向世界承诺走可持续发展道路。党的二十大报告全面总结了新时代十年来我国生态文明建设取得的成就，指出"我们坚持绿水青山就是金山银山的理念，坚持山水林田湖草沙一体化保护和系统治理，全方位、全地域、全过程加强生态环境保护，生态文明制度体系更加健全，污染防治攻坚向纵深推进，绿色、循环、低碳发展迈出坚实步伐，生态环境保护发生历史性、转折性、全局性变化，我们的祖国天更蓝、山更绿、水更清"。

（二）绿色金融推动生态文明建设

根据《关于构建绿色金融体系的指导意见》，绿色金融是指为支持环境改善、应对气候变化和资源节约高效利用的经济活动，即对环保、节能、清洁能源、绿色交通、绿色建筑等领域的项目投融资、项目运营、风险管理等提供的金融服务。该定义突出了绿色金融通过提供服务来推动经济社会可持续发展的属性。

经过多年的发展，我国已初步形成绿色贷款、绿色债券、绿色保险、绿色基金、绿色信托、碳金融产品等多层次绿色金融产品体系。目前社会对于绿色金融的关注点多集中在银行业的绿色信贷业务，根据《中国绿色金融发展研究报告2021》，2021年年末我国绿色信贷余额为15.9万亿元人民币，同比增长33%，占整个绿色金融资金总额的90%以上，在碳中和的绿色金融体系中发挥着主要作用。

二、绿色金融发展现状与主要矛盾

我国绿色金融的发展较发达国家起步稍晚，但发展成效较为显著，绿色信贷规模目前位居世界第一。以2007年下发的《关于落实环保政策法规防范信贷风险的意见》为标志，我国正式开启了绿色金融发展新时期。此后，我国金融监管机构和环保部门积极完善绿色金融的相关发展政策，形成了"三大功能"和"五大支柱"的绿色金融政策发展思路。

2021年3月，时任中国人民银行副行长陈雨露在接受采访时表示："为实现碳达峰、碳中和目标，人民银行初步确立了'三大功能''五大支柱'的绿色金融发展政策思路，以适应国家产业结构、能源结构、投资结构和人民生活方式等全方位的深刻变化。"绿色金融的三大功能包含资源配置功能、风险管理功能和市场定价功能。资源配置功能指绿色金融可以引导金融资源向低碳产业倾斜；风险管理功能指绿色金融可以提升金融活动中对环境风险的管理能力；市场定价功能指通过对绿色融资的差异化定价，充分发挥碳市场的价格发现功能。同时，实现绿色金融"三大功能"离不开"五大支柱"的支撑，"五大支柱"指绿色金融标准体系、金融机构监管和信息披露要求、激励约束机制、绿色金融产品和市场体系以及绿色金融国际合作。

我国绿色金融"五大支柱"的形成得益于政府机构自2016年以来发布的一系列指导意见，这些意见反映了我国鼓励各方参与绿色金融发展的强烈意志。2016年8月，中国人民银行、财政部等七部委联合印发《关于构建绿色金融体系的指导意见》，确立了发展我国绿色金融体系的整体目标；2018年11月，中国证券投资基金业协会发布《绿色投资指引（试行）》，为社会开展绿色投资提供指导；2019年2月，发展改革委等七部门联合印发《绿色产业指导目录（2019年版）》，进一步明确了绿色产业认定标准，鼓励各地方出台投资、价格、金融、税收等方面的政策措施，壮大节能环保、清洁生产、清洁能源等绿色产业。2021年7月，中国人民银行发布《环境权益融资工具》，明确了当前环境权益融资工具的实施流程，为企业和金融机构开展环境权益融资活动提供指引；2021 年 7 月，中国人民银行发布《金融机构环境信息披露指南》，进一步规范了金融机构的环境信息披露标准。

目前，多家机构的研究结果显示我国绿色投融资仍存在巨大的缺口。红杉中国在 2021 年 4 月发布的《迈向零碳——基于科技创新的绿色变革》中预测，我国 2021 年至 2030 年绿色投资年均缺口约为 2.7 万亿元人民币；2021 年至 2060 年绿色投资年均缺口为 3.84 万亿元人民币；毕马威在 2021 年 9 月发布的《助力实现"双碳"目标，绿色金融大有可为》中认为，我国绿色金融市场提供的资金远未满足"3060"双碳目标下的融资需求；中国绿色金融委员会在 2021 年 12 月发布的《碳中和愿景下的绿色金融路线图研究》中预测，未来 30 年内，我国在《绿色产业指导目录》确定的 211 个领域将产生 487 万亿元人民币的投资需求。我国绿色发展面临巨大资金需求，这为金融机构提供了充足的发展空间。

现阶段，我国形成了以绿色信贷为主、绿色债券为辅的绿色金融市场。在各类绿色融资中，绿色信贷一直占据主导地位，特别是近年来我国绿色信贷规模呈爆发式增长。据中国人民银行统计数据，2022 年我国本外币绿色贷款余额达 22.03 万亿元人民币，较 2021 年增加 6.01 万亿元人民币，同比增长 38.50%，其中六大国有银行绿色贷款余额合计 12.55 万亿元人民币，约占我国绿色贷款总规模的 56.97%，平均增速达到 40.77%。从商业银行性质看，我国股份制商业银行绿色信贷整体规模不及国有商业银行，但绿色信贷规模扩张速度较快。2022 年，中信银行和民生银行绿色信贷余额增速均达 67%。

此外，我国绿色债券发行规模持续扩大。根据万得统计口径，2022 年我国境内绿色债券发行规模为 8746.58 亿元人民币，其中政策性银行和商业银行发行规模超过 3500 亿元人民币，约占新增发行总规模的 40%。根据中国人民银行披露的 2022 年前三季度绿色债券情况，中国银行承销境内、境外绿色债券发行规模居中资同业第一；建设银行承销绿色债券 41 期，承销规模为 235.58 亿元人民币，两家银行承销规模分别同比增长 64% 和 82%；浦发银行绿色债券、可持续发展类债券、碳资产债券、转型债券及绿色资产支持票据承销金额总计 108.25 亿元人民币；光大银行承销 7 笔绿色债务融资工具，发行总规模 45.80 亿元人民币，投资绿色债券规模同比增长 79.86%。

在绿色金融国际合作方面，我国商业银行积极践行国际通用标准，有序推进绿色金融战略的实施。2013 年，中国工商银行、国家开发银行等发起并签署《中国银行业绿色信贷共同承诺》。2021 年 10 月，在云南举办的全球《生物多样性公约》缔约方大会第十五次会议上，中国银行、中国建设银行等发起并签署《银行业金融机构支持生物多样性保护共同宣示》。目前，我国已有兴业银行、江苏银行等 7 家银行机构将"赤道原则"[①]作为国际金融业务开展准则，中国工商银行、青岛农商行等 14 家银行机构签署联合国《负责任银行原则》，按要求定时公开环境和社会表现。

我国商业银行在深入发展绿色信贷的同时，也在积极探索金融产品创新。以我国首家赤道银行——兴业银行为例，兴业银行积极发挥专业能力，为满足用户差异化需求推出了一系列绿色信贷产品。兴业银行针对绿色信贷申请人信用评级较低的问题，推出了特许经营权质押、排污权质/抵押融资等增信措施。同时，兴业银行将自身专业与政府优惠政策相结合，与各地省财政厅、生态环境厅创新推出"环保贷"[②]，与各地中国人民银行支行联手开展"绿票通"[③]业务，与厦门产权交易中心联合设立全国首个蓝碳[④]基金等。兴业银行当前形成了涵盖绿色信贷、绿色债券、绿色信托、绿色公募基金、ESG 理财等在内的多层次金融产品体系。

尽管当前我国绿色金融发展较为迅速，商业银行发展绿色金融仍面临诸多挑战。短期看，信息不对称仍是商业银行发展绿色金融的最大障碍。信息不对称导致商业银行在分析客户风险时投入更多业务成本，降低了绿色金融的经营收益，甚至部分业务面临收益无法覆盖成本，阻碍了绿色金融的发展。

绿色金融业务中信息不对称主要由两个原因造成。

一是企业缺乏主动披露环境信息的动力。我国缺少环境信息披露相关的法律约束，市场中关于披露信息的内容、格式、标准尚未形成统一制度，再加上信息披露会增加企业经营成本，企业对环境信息的披露有极大的自主选择权。《A 股上市公司 2022 年度 ESG 信息披露统计研究报告》的数据显示，

---

① 赤道原则用于评估和管理项目融资中的环境风险与社会风险，目前已发展成为国际金融行业惯例。

② 环保贷通常指金融机构以企业的环境信用评级和信用审查为基础，基于生态环境部门对其的评级结果，发放的一种绿色贷款。

③ 绿票通指企业以其持有的绿色票据（绿色企业或用于绿色项目的商业汇票）向银行申请贴现业务后，银行用其持有的绿色票据向中国人民银行申请再贴现的业务。

④ 蓝碳通常指海洋生态系统通过光合作用所捕获的有机碳。

截至 2022 年年底，我国 A 股中仅有 32.9%的上市公司在年报中披露了环境责任信息，一半以上的上市公司没有披露环境信息。

二是，我国缺乏相关的信息共享机制。企业的排污、违规、水资源等数据属于公共环境信息，相关信息的管理涉及水利、电力、环保等多个政府部门，数据较为分散，管理较为复杂。现行的信息共享机制并未指明各管理部门间的数据权责关系，相关信息的主要管理部门又担心信息公开导致不良影响，导致缺乏与外界连通共享的意愿；另外，部分地方发布的环境信息缺乏针对性和时效性，加大了商业银行获取企业环境信息的难度。

同时，信息不对称加剧了商业银行的信贷配给行为。大中型企业较小微企业披露的数据更为充分和全面，商业银行可以在不增加识别成本的情况下更精准地分析大中型企业的信用风险。生态环境部和中国环境保护产业协会发布的《中国环保产业发展状况报告（2021）》显示，2021 年我国中小环保企业数量占比超过 72.9%，但这些企业往往资金实力弱、缺乏可靠担保、信贷风险高。商业银行为避免隐性风险导致的损失，更愿意为信誉良好的大中型企业提供金融服务，从而忽视了小微群体的潜在需求，导致绿色金融的服务"惠"而不"普"。

长期看，我国发展绿色金融的相关政策有待进一步完善。近年来，尽管我国政府持续优化商业银行的绩效考核指标，不断提升社会责任在银行经营考核中的比重，但是出台的相关政策始终无法有效解决商业银行绿色金融业务收益降低的问题。我国仍缺乏相关的支持政策以帮助商业银行将绿色金融的社会效益转化为经营效益，导致银行缺乏开展绿色金融业务的积极性。以绿色项目为例，污水、固废、铁路等项目建设周期较长，涉及投资量巨大，且大多为社会公益项目。商业银行投入周期较长的绿色项目，即使项目的未来收益折现后大于零，但是项目的低收益与长期风险并不匹配。商业银行为实现对项目风险的精准判断，往往需要借助第三方机构或专业人员对项目风险进行精准评估，无形中增加了银行成本，阻碍了绿色金融的可持续发展。为改善商业银行绿色金融的盈利状况，我国需加快构建绿色金融的长效发展机制，从补贴和税收优惠两方面给予商业银行更多的收益保障。

三、绿色金融与商业银行经营绩效的现实考察

近年来，受国际环境趋平和公共事件频发的超预期影响，我国经济下行

压力进一步加大。从出口贸易看，随着我国制造业综合实力和环境治理能力的增强，高污染、中低端产业逐渐向周边发展中国家转移，高新技术产品出口比重逐渐上升，高附加值产品正在成为我国出口贸易的新增长点。我国综合国力进一步增强的同时，发达国家贸易保护主义逐渐抬头，阻碍了全球资源和技术的流通，为我国经济发展带来了新的挑战。另外，突发公共事件导致全球供应链遭遇严峻挑战，全球关键生产要素缺位，市场需求萎靡，小微企业生存压力持续加大，我国经济增速显著放缓。

近年来，复杂动荡的国际形势增加了全球经济的不确定性，发达国家为维护既有利益，频频在金融、科技、贸易等领域采取手段遏制新兴市场的发展，严重阻碍了全球产业链、供应链、价值链的有序重构，造成世界经济增长持续低迷。贸易保护主义不利于全球化生产的专业分工，资源无法进行有效配置，降低了生产效率和生产水平，阻碍了国际贸易发展，与经济全球化背道而驰。从短期看，随着我国环保政策日益严苛、人口红利向人才红利转型，低端制造业和高污染产业逐渐从我国向周边国家转移，以东南亚为代表的新兴市场迅速崛起，外贸订单的暂时减少是我国贸易结构持续优化的必然结果。从长期看，我国在全球产业链中的地位将会不断巩固提高。随着我国产业结构不断优化，工业部门将向绿色化、智能化和高端化的方向不断发展，我国生产物品稀缺性的增强终将助力我国突破贸易保护主义重围，推动全球贸易行业实现跨越式发展。

受国际局势和突发公共事件等多重因素叠加的影响，我国银行业收益增速持续放缓，商业银行扩大绿色金融业务规模未能扭转其经营绩效增速持续下滑的态势。2011—2022 年我国商业银行绿色信贷余额与盈利能力情况如图 2-1 所示。图 2-1 显示我国商业银行的平均资产收益率近 10 年总体呈现持续下滑趋势，从 2011 年的 1.30%下滑到 2022 年的 0.76%；从 2011 年的 5.25 万亿元人民币上升至 2022 年的 22.03 万亿元人民币规模；2020 年之后绿色信贷余额与银行平均资产收益率的剪刀差呈现扩大趋势。

总体来看，我国商业银行平均资产收益率变化主要受到三方面影响：一是，我国商业银行加大让利实体经济。中国人民银行坚持稳健的货币政策更加灵活适度，持续释放贷款市场报价利率改革红利，推动企业贷款利率明显下行，运用结构性货币政策工具精准滴灌，督促商业银行减费让利；二是，我国商业银行质量管理难度上升。在突发事件冲击下，部分企业经营状况持续恶化，偿债能力下降，商业银行需对已有资产质量重新开展审慎评估；三是，我国商业银行资产规模不断扩大，在银行净利润增长放缓的情况下，总资产收益率不会随资产规模增加而无限扩张。

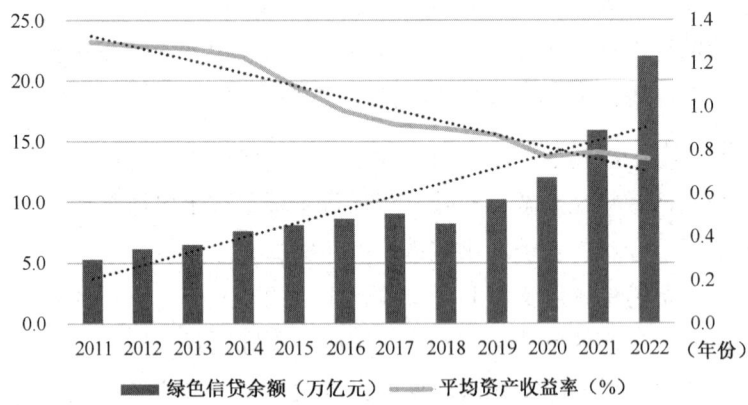

图 2-1 2011—2022 年我国商业银行绿色信贷余额与盈利能力情况

第二节 数字化转型的特征事实

一、数字化转型与科技创新

（一）我国科技创新体系的演变

科学技术是第一生产力，是经济发展的决定因素。科学技术的进步极大地推动了世界经济的发展，也使经济发展对科技进步的依赖程度不断加深。科技革命是对科学技术进行全面的、根本性的变革。回顾历史，人类共迎来四次重大技术革命：蒸汽化工业革命时代、电气化工业革命时代、信息化工业革命时代，以及当前人类正在经历的智能化工业革命时代。进入 21 世纪以来，全球经济创新进入空前密集的活跃时期，新一轮科技革命和产业变革成为重塑全球竞争格局的主要力量，以大数据、人工智能、云计算、区块链等数字技术为核心的科技革命逐步迈入融合应用的窗口期，众多企业在新技术的支持下纷纷打造了新的线上平台，创造了新的交互场景，形成了新的生态体系，对全球供应链、产业链、价值链产生了深远的影响。

科技进步成为我国当前经济发展和社会进步的重要推动力量。科技创新是破解我国经济发展中突出矛盾和问题的关键依托，也是加快转变发展方式、优化经济结构、转换增长动力的重要抓手。在政府各项政策支持下，我国在科技创新领域取得了一系列阶段性胜利，基础研究和原始创新不断加强，一些关键核心技术实现突破，战略性新兴产业发展壮大，载人航天、探月探火、深海深地探测、超级计算机、卫星导航、量子信息、核电技术、大飞机制造、生物医药等领域取得重大成果。

我国科技创新政策体系历经了五个阶段发展，政策措施持续迭代完善，逐渐形成了强化要素、增强主体、优化机制、提升产业、集聚区域、完善环境、扩大开放、形成反馈的发展路径。第一阶段为 1956 年至 1977 年，我国制定了中华人民共和国成立后第一个中长期科技规划《十二年科技远景规划》，科学技术发展步入初期阶段。第二阶段为 1978 年至 1991 年，党中央召开了全国科学大会，把科学技术发展列为战略重点，提出科学技术是生产力，开始重视科技与经济相结合。第三阶段为 1992 年至 2005 年，中共中央高度重视科技成果转化对生产力的影响，作出了《关于加速科学技术进步的决定》。党的十五大报告提出"科学技术是第一生产力，科技进步是经济发展的决定性因素"。第四阶段为 2006 年至 2011 年，我国确立了"自主创新，重点跨越，支撑发展，引领未来"的新时期科技工作方针。党的十七大把提高自主创新能力、建设创新型国家作为国家发展战略的核心、提高综合国力的关键，摆在促进国民经济又好又快发展的突出位置。自此，我国科技事业进入创新发展的新阶段。第五阶段以 2012 年党的十八大胜利召开为起点，我国正式迈入创新驱动型发展大国。党的十八大提出我国要实施创新驱动发展战略，强调科技创新是提高我国社会生产力和综合国力的重要战略。随后，十八届五中全会更是将创新提到五大发展理念之首，再次强调科技创新是引领我国发展的第一动力。

在习近平新时代中国特色社会主义思想的指导下，我国的科技创新体系迈入了新的发展阶段。习近平总书记在党的二十大报告中首次提出"必须坚持科技是第一生产力、人才是第一资源、创新是第一动力"，突出了坚持创新在我国现代化建设全局中的重要作用，将科技创新的战略意义提升到历史新高度，为我国依托科技创新构建新发展格局、推动高质量发展进一步指明了方向和道路。

（二）数字经济引领数字化转型

根据《"十四五"数字经济发展规划》，数字经济是继农业经济、工业经济之后的主要经济形态，是以数据资源为关键要素，以现代信息网络为主要载体，以信息通信技术融合应用、全要素数字化转型为重要推动力，促进公平与效率更加统一的新经济形态。数字经济包括数字产业化和产业数字化两方面。数字产业化是指数据要素的产业化、商业化和市场化。产业数字化是指通过数字技术和数据资源使得传统产业产出增加、效率提升。

我国高度重视数字经济的发展，习近平总书记在多个重要场合、重要会议上，对数字经济发展做出重要指示，深刻阐明了数字技术推动经济高质量发展的重大意义和实践路径。2016 年 10 月，习近平总书记在十八届中央政治局第三十六次集体学习时强调"加快传统产业数字化、智能化，做大做强数字经济"；2016 年 9 月，习近平总书记在二十国集团领导人杭州峰会上提出发展数字经济的倡议；2017 年 12 月，习近平总书记在十九届中央政治局第二次集体学习时强调"加快建设制造强国、质量强国、网络强国、数字中国，打造具有国际竞争力的数字产业集群"；2018 年 4 月，习近平总书记在全国网络安全和信息化工作会议上强调"要发展数字经济，加快推动数字产业化"；2020 年 4 月 10 日，习近平总书记在中央财经委员会第七次会议上强调"加快数字经济、数字社会、数字政府建设，推动各领域数字化优化升级"；2021 年 10 月，习近平总书记在十九届中央政治局第三十四次集体学习时强调"发展数字经济意义重大，是把握新一轮科技革命和产业变革新机遇的战略选择"；2022 年 4 月，习近平总书记在中央全面深化改革委员会第二十五次会议上强调"把数字技术广泛应用于政府管理服务"。

我国"十四五"规划提到：迎接数字时代，以数字化转型驱动生产方式、生活方式和治理方式。企业全方位、全方面推动数字化转型的时代已然到来。企业数字化转型属于产业数字化的范畴，是一种借助数字技术推动企业经营模式的变革过程。企业利用数字技术对传统业务、管理、商业和服务模式进行全面的重塑，从多维角度实现经营业务的快速处理与智能决策，进一步推动企业的商业模式创新和生态系统重构。企业通过不断提升数字化转型水平，加快发挥数字技术在企业经营创造、业务拓展和组织整合方面的影响，推动传统发展动能向新发展动能的升级转换，从根本上增强企业核心竞争力。同时，数字技术释放新动能的底层逻辑在于利用数据要素提升企业综合配置效率。党的十九届四中全会首次将数据列为与劳动、资本、土地、知识、技术、管理并列的第七大生产要素。数据要素具备低边际成本、无损耗、易复制等特点，可以通过改善企业信息传播效率和信息获取效率，提升信息透明度和信息对称水平，推动企业综合一体化的生产要求，优化企业资源配置结构。

目前，金融机构数字化转型迎来重要的窗口期。伴随着科技进步、营商环境变化、客户诉求升级，以商业银行为代表的金融机构不断推动数字化边界的扩展。我国商业银行数字化转型先后经历了四个阶段：从计算机技术驱动下的数据电子化时代，到信息科技驱动下的流程信息化时代，到互联网与移动端驱动的业务线上化时代，再到当前数字技术驱动的经营智能化时代。新阶段下的商业银行数字化转型突出了技术与业务的深度融合，将大数据、区块链、人工智能、云计算等技术全面应用于银行支付结算、借贷融资、财富管理等重点领域，可以重塑商业银行渠道、服务、运营、风控、产品、组织架构，成为当前银行业发展的主流趋势。

二、商业银行数字化转型发展现状

随着数字经济和数字社会的快速发展，我国商业银行已进入全面推进数字化转型的新时期。当前，我国商业银行通过加大技术投入、优化组织结构及构建生态系统等方式，不断深入推进经营数字化和数字化管理的落地。

近年来，我国商业银行业在数字技术上的投入力度持续加大。2022 年，六大国有商业银行数字技术投入总计超过千亿元人民币，同比增长 8.42%。2019 年至 2022 年，六大国有商业银行平均整体科技投入占集团平均营收比分别为 2.21%、2.82%、2.92%和 3.16%，维持着持续增长态势。其中，工商银行、农业银行、中国银行及建设银行四家银行科技投入均超过两百亿元人民币。2022 年，我国股份制银行平均科技投入占营收比重超 3.5%，中信银行、光大银行、华夏银行、广发银行、恒丰银行、渤海银行科技投入占营收比重超过4%。中小银行相较国有商业银行和股份制商业银行的科技投入规模仍存在一定差距，但近年科技投入占比呈明显增长趋势，其中上海银行、沪农银行、重庆银行、贵阳银行表现尤为突出，2022 年金融科技投入增速分别达 15.06%、12.68%、14.29%、16.99%。

同时,我国商业银行均在积极探索数字技术与组织形态的融合创新。为充分发挥数字经济的特征优势,释放数据要素的生产力,大部分国有商业银行与股份制商业银行试图通过构建扁平化组织、设立科技子公司、建立信息中心和成立研究院所等多种方式推动组织架构优化升级。国有商业银行金融科技战略目标及组织架构如表 2-1 所示。当前六大国有银行的数字化战略目标与组织架构调整最为全面完整,均确立了数字化战略目标及完整的组织架构。除邮储银行外,五家国有商业银行均设立了金融科技子公司。非国有商业银行金融科技战略目标及组织架构如表 2-2 所示。大多数股份制商业银行相继明确了数字化转型战略目标,对相关组织架构进行了升级;同时,部分中小商业银行也在积极塑造区域市场的差异化竞争优势(以北京银行和重庆农商行为代表),均完成了组织架构数字化的布局调整,为自身经营发展形成了有力支撑。

表 2-1 国有银行金融科技战略目标及组织架构

国有银行	数字化转型战略目标	组织架构
工商银行	提出"数字生态、数字资产、数字技术、数字基建、数字基因"的五维布局,推出面向未来的数字化品牌"数字工行(D-ICBC)",制定《金融科技发展规划(2021—2023 年)》	形成"一部、三中心、一公司、一研究院"(金融科技部;业务研发中心、数据中心、软件开发中心;工银科技公司;金融科技研究院)的组织架构
农业银行	将"数字经营"作为全行三大战略之一,重点围绕科技支撑、智慧渠道建设、企业级架构和大数据应用四个关键领域,实施数字化转型"十大工程",推进信息科技"iABC"战略实施	形成"一局、两中心、一公司"(科技与产品管理局;研发中心、数据中心;农银金科公司)的组织架构
建设银行	全力推动实施住房租赁、普惠金融、金融科技"三大战略","科技自立自强"实施金融科技战略,制定《2021—2025 年金融科技战略规划》	形成"两委员会、三部、一公司及总行直属机构"(金融科技委员会、数据治理委员会;金融科技部、数据管理部、产品创新与管理部;建信金科公司及总行所属一系列创新研发中心)的组织架构
中国银行	将科技金融作为集团"八大金融"战略之首,实施"数字中银+"科技创新战略	形成"一部、两中心、一公司"(信息科技部、信息科技运营中心、软件中心;中银金融科技公司)的组织架构

国有银行	数字化转型战略目标	组织架构
交通银行	致力于建设"数字化新交行",坚持科技引领,持续强化科技赋能	形成"两部、三中心、一公司、一研究院、一办"(金融科技部、数据管理与应用部;软件开发中心、数据中心、测试中心;交银金融科技公司;金融科技创新研究院;信息科技发展规划办)的组织架构
邮储银行	以金融科技赋能高质量发展,全力打造乡村振兴数字金融银行	形成"三部、两中心"(信息科技管理部、金融科技创新部、管理信息部;软件研发中心、数据中心)的组织架构

说明:相关信息来自各商业银行官方网站信息及历年财务报告

表 2-2　非国有银行金融科技战略目标及组织架构

非国有银行	数字化转型战略目标	组织架构
平安银行	坚持"科技引领"战略方针,以领先科技驱动全行业务发展和数字化经营	形成"一部、两中心、一公司"(科技管理部;科技开发中心、科技运营中心;平安金融科技公司)的组织架构
兴业银行	提出"科技兴行"战略,向"安全银行、流程银行、开放银行、智慧银行"四大目标稳步前行	形成"一委、四部、一公司、一研院"(数字化转型委员会;金融科技部、科技运营部、安全保卫部、数据管理部;兴业数金公司;金融科技研究院)的组织架构
民生银行	坚持"智慧金融、数字民生"战略,以"打造敏捷高效、体验极致、价值成长的数字化银行"为目标	形成"四部门、一公司"(网络金融部、生态金融部、信息科技部、数据管理部;民生科技有限公司)的组织架构
北京银行	以数字化为引领,推进发展模式、业务结构、客户结构、营运能力、管理方式"五大转型"	形成"一条线、三部分、一公司"(信息技术条线;数字金融部、数据管理部、电子银行部;北银金融科技公司)的组织架构
上海银行	把数字化转型作为发展规划主线,以"线上化、数字化、智能化"为路径,全面推进数字化转型发展,构建前中后台一体化的数字化经营管理体系,提升自身综合实力、品牌价值及市场竞争力	形成"一委、三部门、两中心"(信息科技管理委员会;信息技术部、网络金融部、数据管理与应用部;开发测试中心、数据中心)的组织架构
青岛银行	实行"科技立行"发展战略,通过制定整体规划、重塑组织架构,体系化实施数字化转型,加速推进金融科技创新和应用	形成"一委、两部门"(网络安全和信息科技委员会;信息技术部、数据管理部)的组织架构

非国有银行	数字化转型战略目标	组织架构
北京农商银行	将推进数字化转型作为五年发展战略规划重点,制定信息科技中长期发展战略规划和专项数据战略方案,明确"建设生态圈银行、重塑主营业务流程、提升 IT 能力与数据分析能力"三大数字化转型目标	形成总行"一部、两中心"(信息科技管理部;软件开发中心、系统运营中心)的技术组织架构;一个条线、三个部门和一家公司的"1+3+1"(信息技术条线;数字金融部、数据管理部、电子银行部门;北银金融科技公司)科技治理格局
重庆农商银行	提出打造"数字农商行"目标	形成"一会、一中心、一部"(金融科技管理委员会;金融科技中心;科技信息部)的组织架构

说明:相关信息来自各商业银行官方网站介绍及历年财务报告

当前,打造多元生态场景成为商业银行数字化转型的重要任务。商业银行正在努力运用大数据、人工智能、云计算、区块链、5G、物联网等技术重构既有架构,实现数字化平台的能级跃迁,将银行服务从单一储蓄、贷款、结算、支付等服务向深度融入客户的生产、生活等各类场景转变。通过推进金融科技在数字货币、私人银行和财富管理、供应链金融、绿色金融、普惠金融等领域的深度应用,全面提升商业银行对产业链上下游全生态金融服务质量、对数字政务全链条一体化服务质量、拓宽更多维度的民生消费生态金融服务范围,协同整合政府端、企业端、零售客户端,实现基础平台支撑共享、提供定制化产品和服务及平台经营和客群的精细化管理。

三、数字化转型与绿色金融的关联内涵

近年来,我国高度重视数字经济和绿色生态的协同发展。为保证数字技术在绿色产业的有效应用和快速落实,我国先后推出一系列规划文件,奠定了数字化转型与绿色生态融合发展的基础。2021 年 10 月,国务院印发《关于完整准确全面贯彻新发展理念做好碳达峰碳中和工作的意见》,指出我国要"推动互联网、大数据、人工智能、第五代移动通信(5G)等新兴技术与绿色低碳产业深度融合"。2022 年 1 月,中国人民银行印发《金融科技发展规划(2022—2025 年)》,提出"运用数字技术开展绿色定量定性分析,强化绿色企业、绿色项目智能识别能力,提升碳足迹计量、核算与披露水平"。2021 年 12 月,中央网络安全和信息化委员会印发《"十四五"国家信息化规

划》，提出"深入推进绿色智慧生态文明建设，推动数字化绿色化协同发展""以数字化引领绿色化，以绿色化带动数字化"。

发展数字技术是推动我国生态文明建设的重要手段，在商业银行经营活动的绿色转型中扮演着重要角色。在大数据、人工智能、区块链、云计算等为代表的新一代信息技术支撑下，商业银行在绿色企业甄别、企业信息披露、绿色企业信贷风控、绿色金融产品研发等方面都得到了广泛应用，推动了绿色金融的可持续发展。以绿色信贷、绿色债券、绿色保险为代表的绿色金融随着数字技术的多期迭代，呈现多元化的发展趋势。商业银行借助数字化手段不断丰富绿色金融产品结构、改善经营模式、加快场景融合，在改善业务成本效率的同时，引导资金加快流向环保、节能、清洁能源、清洁交通等绿色产业。我国数字化转型指数和 21 家主要商业银行绿色信贷余额水平如图 2-2 所示。2013—2021 年，我国 21 家主要商业银行的绿色信贷余额水平与我国商业银行数字化转型水平呈现稳步增长。

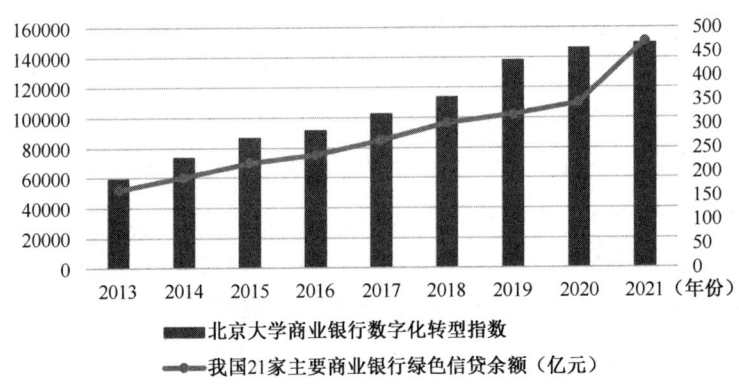

图 2-2　我国数字化转型指数和 21 家主要商业银行绿色信贷余额水平

第三节　数字技术赋能商业银行绿色金融的实现路径

绿色金融作为推动我国经济低碳转型的有力抓手，近年来相关领域的发展备受各界关注。绿色金融在应对气候变化、保护生物多样性、支持污染防治、优化能源结构等方面持续发挥着重要作用。金融机构大力发展绿色金融不仅是贯彻落实新发展理念、推动经济社会绿色低碳转型发展的内在要求，也是自身践行社会责任的具体表现。当前阶段，我国绿色金融在发展过程仍面临一些挑战，如信息共享机制不健全、"漂绿"风险仍然存在、环境风险管理水平有待提升、配套基础设施亟须完善等。随着近年来数字技术快速发展，科技赋能绿色金融发展成为大家新的关注的焦点，以大数据、区块链、人工智能、云计算为代表的数字技术为解决绿色金融发展过程中面临的问题、推动绿色金融可持续发展提供了重要支撑，有助于提升商业银行在绿色金融业务方面的数据获取、数据存储、数据分析和数据处理能力，发挥数据要素在绿色金融发展中的重要作用。

一、大数据改善数据获取能力

大数据可以被理解为具有海量内容、高速传输、内容丰富、数据真实、单位价值低的巨型数据库。大数据通过对信息的收集、整合、分享，打破了信息壁垒，成为商业银行整合信息、获取数据资源的重要渠道，为资金供给方在绿色信贷审批分析提供了关键数据。在信息收集方面，商业银行依托大数据可以对客户的金融活动实现碳排放足迹的跟踪和记录，通过建立"碳账户"，记录客户通过金融活动在碳减排方面的贡献。在信息整合方面，商业银行依托大数据可以对客户数据进行整理加工，构建成体现多维关系的结构化数据和半结构化数据，为商业银行在用户行为预测、客户营销方面提供数据基础。国研网"绿色金融大数据平台"以我国上市公司数据库为基础，系统地收录了我国绿色金融业内的相关资讯、政策、报告和数据信息，全面地反映了我国企业绿色发展情况，为绿色金融服务提供了有效的数据保障。在信息分享方面，大数据技术建立的跨区域、跨机构的绿色信息系统可以对不同渠道、不同类型信息进行实时收集和处理，为商业银行提供海量的数据支持。兴业银行"点绿成金"系统通过与地方政府部门的数据库对接，实现了对融资企业的能耗数据、司法数据和征信数据的实时分析，深化了环境信息在商业银行信贷支持、项目评级、利率倾斜等工作中的应用。

二、区块链提升数据安全能力

区块链可被视为一个用于储存数据的链式数据库，业务交易信息会被记入独立的数据块，根据交易顺序链接在一起的数据块便形成了区块链数据。区块链的数据存储技术具有安全、开放、可追溯的特点，可极大帮助商业银行降低信息信任成本，减少人为操作的干扰，提升资金用途监管能力。

在绿色信贷前期审核阶段，商业银行可以依托区块链数据，降低融资方"洗绿""漂绿"的道德风险。融资方为获得绿色融资可能向银行提供夸大的虚假信息，而商业银行自身难以充分筛查信息的真实性。依托区块链技术记录的企业环保违规情况、绿色信用记录和绿色信息披露数据，由于其难以篡改的特性，可以充分降低商业银行的数据信任成本，减少虚假数据引发的信用风险和道德风险。公众环境研究中心（IPE）依托区块链技术打造的蔚蓝生态链解决方案，实现了对污染防治、环境管理、社会监督的综合性监控，对融资企业的环境表现实施动态评估，协助商业银行实现了对企业的综合研判，促进了绿色金融发展。

在绿色信贷中期执行阶段，商业银行可以借助区块链的子技术智能合约来减少人为因素对绿色信贷交易过程的干扰。智能合约技术是指能够自动执行合约条款的计算机程序。绿色信贷交易中涉及的活动主体繁多，将合约条件提前写入执行程序，一旦满足条件，合约可以自动执行，向符合绿色标准的项目投放资金，在节约人力与时间成本的同时，还可以降低人工操作引发的操作风险，有效避免"漂绿"风险。

在绿色信贷后期监管阶段，商业银行借助区块链技术可以实现对绿色资金流向的实时跟踪，实现对资金的全方位监管。区块链技术的分布式账本[①]可以将政府部门、商业银行、信用评级机构、环保部门纳入记录绿色信贷交易数据的信息链，将绿色项目的经营情况、资金流向和披露信息公布在信息链中，确保资金流向受到社会各方的监管，降低绿色金融市场中"伪绿"项目的存在比例，形成对绿色金融的多元监督体系。

三、人工智能增强数据分析能力

人工智能技术实现了计算机对数据的深度学习和逻辑推理，可以帮助用户对海量数据进行智能识别和智能分析。人工智能技术目前划分为感知智能

---

① 分布式账本是一种在网络成员之间共享、复制和同步的数据库。

和认知智能。感知智能指电脑借助海量信息通过对某些具体特征的自动筛查，实现对目标的精准识别；认知智能指电脑借助机器语言①像人类一样对知识进行学习和逻辑推理。商业银行依托人工智能的两大技术，在绿色项目综合识别和环境风险智能管理方面均实现了积极应用。

在绿色项目综合识别方面，商业银行借助人工智能等技术，基于大数据提供的海量信息，可以实现对绿色融资项目更为客观准确的评价，避免了人工分析导致的主观偏见和操作风险，提高了融资方绿色信用评价的完整性、准确性和真实性，大大缩短了绿色信贷的审批时间，提升了绿色项目的融资匹配效率。中国人民银行南昌中心支行推出的绿色金融服务管理系统，通过抓取项目信息、智能识别绿色项目、辅助人工线下评估等方式，实现了绿色项目评估的批量处理，形成了"智能识别—精准匹配—对接跟踪"的良性循环，提高了绿色项目需求与金融供给的匹配度。

在环境风险智能管理方面，商业银行依托人工智能技术构建的监管预警模型，搭建绿色风险管理系统，开展常态化内控监督检查和环境风险压力测试，实现对绿色信贷风险的动态化检测，识别和量化环境因素引发的金融风险，提高绿色金融风险管理水平。

四、云计算提高数据处理能力

云计算技术以大规模服务器提供的强大算力和嵌入软件能力为基础，通过云端服务提升用户对海量数据的处理能力和处理效率。特别是在新时期下，商业银行以云计算技术的算力为依托，将大数据、人工智能、区块链等技术融入多元化金融场景，打造线上绿色金融服务平台，可以进一步满足不同用户的融资需求，推动云计算在绿色信贷业务中的深度应用。意大利数字银行 Flowe 借助 Temenos 云技术支撑，采用软件即服务（SaaS）②的服务方案，将云集成程序 Azure 和碳足迹追踪软件 Doconomy 等应用嵌入银行云应用平台，帮助银行高效获得客户的多维度数据，通过对用户数据的进一步分

---

① 机器语言是计算机能够直接执行的指令代码。
② 软件即服务（SaaS）是一种基于云技术的软件交付模式，由云技术提供商开发和维护云技术应用软件，并通过互联网以即用即付费的方式将软件提供给客户。

析，匹配融资需求，推动绿色信贷服务的云端化。

　　本章主要概述绿色金融和数字化转型发展现状，并对数字技术在商业银行绿色金融中的应用实践进行了归纳概括。首先，概括了生态文明建设背景下绿色金融的发展情况和相关挑战，并对绿色金融发展和商业银行绩效的现实表现进行了总结归纳。其次，论述了科技革命发展背景下数字化转型的发展现状，阐明了数字化转型与绿色金融的内在关联。最后，归纳大数据、区块链、人工智能和云计算四项数字技术在商业银行绿色金融中的应用实践。本章概述了绿色金融和数字化转型的事实特征，下一章将对商业银行绿色金融发展水平和数字化转型水平进行度量。

第三章

绿色金融发展水平和数字化
转型水平的测度

本章将根据已有的测度方法度量商业银行绿色金融发展水平和数字化转型水平，并根据不同测度方法得到的结果进行描述性统计分析，选取合适的度量结果为后续章节的实证检验提供数据支撑。后续章节将探索数字化转型对商业银行绿色金融经营效益、经营效率和社会效益的影响。据此，绿色金融发展水平将作为商业银行经营绩效的核心解释变量，需要选取与经营效益、经营效率与社会效益高度契合的绿色金融发展水平。同时，现有研究存在多种构建商业银行数字化转型指数的方法，需根据构建方法与构建结果的描述性统计分析筛选出可以反映商业银行真实情况的数字化转型指数。

第一节　商业银行绿色金融发展水平的度量

一、度量方法

（一）定量类

在目前商业银行绿色金融业务以绿色信贷为主、绿色债券业务为辅的情况下，学者通常采用绿色信贷余额与绿色信贷在信贷总额占比这两个指标作衡量商业银行绿色金融发展水平。王建琼和董可研究了绿色信贷对商业银行经营绩效的影响；张琳等证明了绿色信贷余额对商业银行财务绩效的异质性影响；张琳和廉永辉研究了绿色信贷对商业银行财务绩效的影响；陈建华和胡莲洁检验了绿色信贷对商业银行财务绩效存在直接影响和间接影响。

绿色信贷业务作为商业银行表内的主营业务之一，对银行资本结构和风险水平影响较为显著。同时，绿色信贷业务规模较大相比其他绿色金融产品对银行经营绩效的影响更为明显。以兴业银行为例，其2022年财务报表和社会责任报告显示，兴业银行2022年末绿色贷款余额为6370.72亿元人民币，占贷款余额49828.83亿元人民币的12.79%，占兴业银行主营贷款业务收入的比重在10%以上。同时，绿色债券的收益远不及绿色信贷的息差收入。2022年，兴业银行承销绿色债券355亿元人民币，仅占2022年承销债券总量9475.86亿元人民币的3.7%，对银行经营收益影响较小。

绿色信贷余额和绿色信贷占比这一类用于衡量商业银行绿色金融发展水

平的测度方法存在显著的优缺点。优点是绿色信贷指标在商业银行绿色金融业务中具有较强的代表性，数据直观且容易收集，可以忽略其他对商业银行经营收益较小的表内外业务，便于研究绿色金融对银行财务情况的影响。缺点是仅采用绿色信贷指标过于绝对，不足以系统地反映商业银行绿色金融发展水平。

（二）定量指标与定性指标相结合

为避免定量指标的绝对性，部分学者采用定量指标与定性指标相结合的方法构建商业银行绿色金融发展水平。邓翔等基于商业银行经营状况和绿色发展情况构建绿色金融发展水平。通过对经营状况的收益性、成长性、流动性、风险性和绿色发展的绿色业务、绿色经营及绿色战略七个二级指标赋予不同权重，将指标的定性打分和绿色信贷余额相结合得到绿色金融发展指数。王玉林和周亚虹首先从国家知识产权总局数据库中筛选出 2011—2020 年企业专利数据，并将专利信息与国际专利分类中的绿色清单分类中相匹配，确定企业当年绿色专利数量，进而构建企业绿色发展指数。方大春和魏智健从商业银行对绿色金融重视程度和绿色金融参与程度两个维度构建银行绿色金融发展指数，其中绿色金融重视程度主要根据商业银行发展理念、绿色金融工具种类及绿色金融发展目标三个定性指标进行打分；绿色金融参与程度主要根据贷款余额占比、是否发行绿色债券及是否参与赤道原则进行打分；最后，再利用两个维度的评分构建商业银行绿色金融发展指数。

随着绿色投资理念受到资本市场追捧，越来越多的金融机构推出了上市公司社会责任评级指数（ESG 评级）。ESG 是 Environmental（环境）、Social（社会）和 Governance（治理）的缩写，是一种对环境、社会和公司治理的综合评价标准。ESG 评级中的环境评级是一种将定量指标和定性指标相结合的综合性评级。相较绿色信贷水平，用 ESG 环境评级衡量商业银行绿色金融发展水平，可以更全面地反映商业银行的绿色金融发展情况。

目前，国际影响力较大的 ESG 指数包含明晟 ESG 系列指数（MSCI ESG Index）、道琼永续指数系列（Dow Jones Sustainability Index）和富时永续系列指数（FTSE ESG Index）。近年来，我国 ESG 指数呈现快速发展势头，形成了以中证 ESG 系列指数、华证 ESG 系列指数、中债 ESG 系列指数和万得 ESG 系列指数为主，覆盖 A 股、港股、债券等多个领域的宏微观 ESG 评价体系。

微观 ESG 指数主要指针对企业个体进行评分，通常先采用特定的披露信息对上市公司在环境、社会、治理方面的经营情况单项评分，再生成企业的 ESG 综合评分。编制通常采用定量指标和定性指标相结合的方式，对定性指标打分后，再以不同的加权方式将定量指标和定性打分相结合。宏观 ESG 指数由微观企业的 ESG 指数所组成，多用于评价某个特定行业的社会责任水平。不同宏观 ESG 指数的差异主要取决于成分股的选择。宏观 ESG 指数编制确定样本空间后，会根据确定的选样方法选择成份股，再利用指数计算公式计算得到指数。因此，不同的宏观指数在样本空间、选样方式、指数计算等方面可能存在一定差异。但是，指数的选样方法仍然是影响指数差异的最主要因素，对 ESG 指数的市场表现有实质性的影响。

二、绿色信贷余额与绿色信贷占比的描述性统计分析

本节从 54 家上市银行中选取了绿色信贷余额数据披露最为完整的 16 家商业银行的 2011—2021 年绿色信贷余额数据，并计算出了这 16 家商业银行绿色信贷余额占总贷款余额的比重，再利用平衡面板数据绘图反映两类数据的直观特征。16 家上市银行信息如表 3-1 所示。

表 3-1　16 家上市银行信息

序号	股票代码	银行名称	银行类别
1	601398	工商银行	国有银行
2	601288	农业银行	国有银行
3	601988	中国银行	国有银行
4	601939	建设银行	国有银行
5	601328	交通银行	国有银行
6	600036	招商银行	股份制银行
7	601818	光大银行	股份制银行
8	600016	民生银行	股份制银行
9	601166	兴业银行	股份制银行
10	601998	中信银行	股份制银行
11	600015	华夏银行	股份制银行
12	000001	平安银行	股份制银行
13	600000	浦发银行	股份制银行
14	601169	北京银行	城市商业银行
15	002142	宁波银行	城市商业银行
16	601009	南京银行	城市商业银行

2011—2021 年 16 家银行绿色信贷余额如图 3-1 所示，2011—2021 年 16 家银行绿色信贷余额占比如图 3-2 所示。绿色信贷余额可以更清晰地反映绿色信贷业务逐年上涨的发展趋势。图 3-1 中 16 家商业银行绿色信贷余额上升趋势明显，16 家商业银行 2011—2021 年绿色信贷规模呈逐年上升趋势。图 3-2 中 16 家商业银行绿色信贷余额占比的趋势并不明显，除兴业银行（股票代码 601166）一家的数据波动较大之外，其他银行绿色信贷余额占比在 11 年内变化不大。可能的原因是绿色信贷规模增加的同时商业银行贷款总量也在增加，并且贷款总量的增速大于绿色信贷规模的增速，所以绿色信贷余额占比并没有随时间变化产生明显的上升趋势。

同时，随着商业银行绿色信贷余额里明显的上升趋势，这种变化更适合用来研究绿色金融对商业银行经营收益的影响。选取商业银行绿色信贷余额作为后续章节的核心解释变量，可以更直观地体现商业银行经营收益是否随绿色信贷余额的增加而发生变化。尽管商业银行绿色信贷占比同样呈现上升趋势，但是这种趋势与绿色信贷余额相比并不显著。另外，商业银行社会绩效主要包含银行应缴税收、对投资者和股东的负责程度及环保贡献等方面，选取绿色信贷余额作为核心解释变量同样可以更直观地体现对银行社会效益的影响。

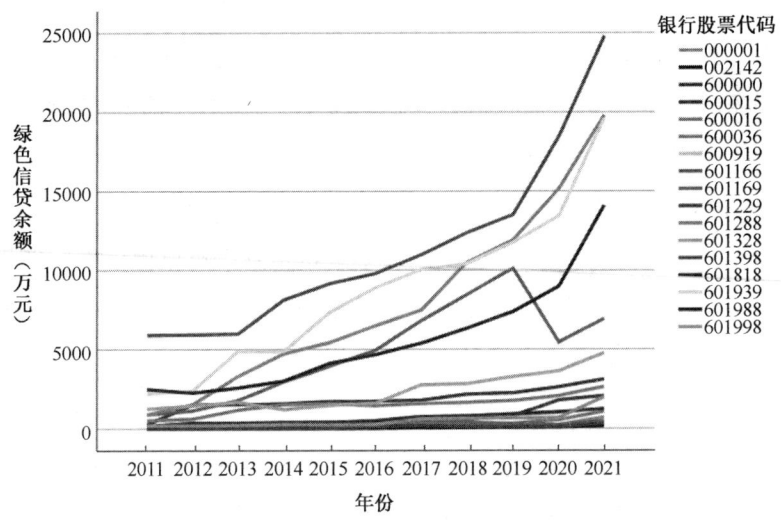

图 3-1　2011—2021 年 16 家银行绿色信贷余额

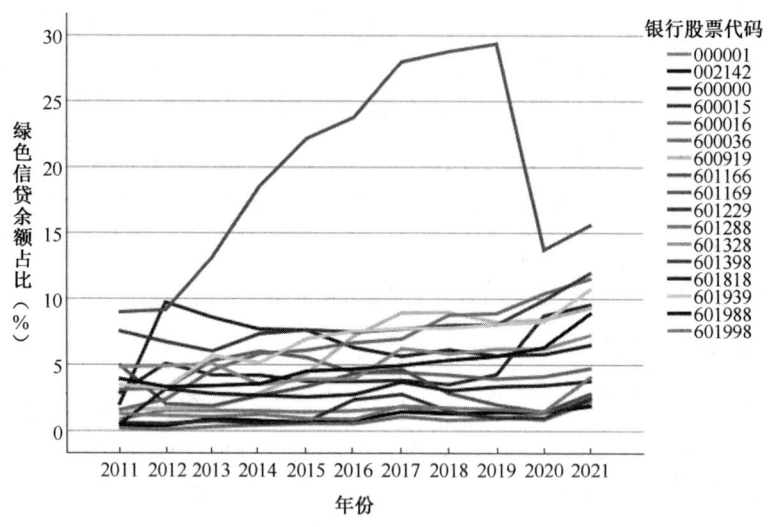

图 3-2　2011—2021 年 16 家银行绿色信贷余额占比

三、MSCI ESG 指数与彭博 ESG 指数环境评分的描述性统计分析

基于 ESG 指数可得性、社会认可度和编制完整性，本节选择摩根斯坦利国际资本公司（MSCI）①与彭博（Bloomberg）②两家专业的金融机构所编制的 ESG 指数进行比较分析。同时，本节仍然选用第二节使用的 16 家银行 2011—2020 年的数据作为研究对象。

基于 ESG 指数数据的可得性，两家金融机构都通过自己专属的金融终端为金融行业从业者提供指数，通过两家金融机构终端可以便捷地获得相关数据。基于社会的认可情况，金融用户对两家国际性金融机构所编制的指数认

---

① 摩根斯坦利国际资本公司是一家提供全球指数及相关衍生金融产品标的的国际公司，其推出的 MSCI 指数为投资人提供参考。全球的投资专业人士，包括投资组合经理、经纪交易商、交易所、投资顾问、学者及金融媒体均会使用 MSCI 指数。

② 彭博是全球最大的金融信息服务供应商，使用彭博数据终端的客户遍布全球，包括交易员、投行、美联储、美国其他官方机构及全球各大央行等。

可度较高，且覆盖全球的用户数量最多[①]。

　　基于 ESG 指数编制的完整性，以环境分项评分为例，MSCI ESG 指数与彭博 ESG 指数在编制时覆盖的环境议题范围较广，均采用定量指标和定性指标相结合的方式，通过绿色减排、绿色政策及绿色实践的相关情况进行综合打分，系统地反映商业银行的绿色金融发展水平。

　　其中，MSCI ESG 指数对金融机构的环境分项评分项，主要包含对金融机构的贷款和承销活动的环境风险及利用绿色金融相关机会的能力，MSCI ESG 指数环境评分项目如表 3-2 所示，共有 8 个评分议题组成共约 63.7% 的环境打分权重。其中对于商业银行的评分主题的权重主要根据两点：一，企业所属行业活动对环境的影响程度，例如，行业相对于其他行业的碳密集程度；二，环境风险可能发生的潜在时间。MSCI ESG 指数环境补充评分项目如表 3-3 所示。

表 3-2　MSCI ESG 指数环境评分项目

范畴	评分议题	行业平均权重
环境	多元化资本市场业务	15%
	区域银行业务	13%
	多元化银行业务	12.9%
	投资银行和经纪业务	10.9%
	储蓄机构和抵押贷款融资业务	6.5%
	其他多元化金融服务	3.9%
	专业金融服务	1.4%
	人寿和健康保险业务	0.1%

---

　　① MSCI 指数体系丰富，覆盖了 23 个发达市场、23 个新兴市场、23 个前沿市场和 11 个独立市场。据 MSCI 估计，在全球范围内，超过 90% 的国际股本资产以 MSCI 指数为标的。彭博是全球最大的财经资讯服务提供商之一，彭博提供的内容覆盖全球，全面涵盖 430 万余家法人实体、近 1300 万个活跃金融工具、34000 个指数、由 160 多个国家或地区发行的证券、近 7000 个数据栏目及 165 家上市衍生品交易所的数据。

表 3-3 MSCI ESG 指数环境补充评分项目

范畴	补充主题
环境	再保险业务
	财产保险业务
	多重保险业务
	保险经纪业务
	按揭房地产信托基金
	金融交易所和数据
	信托基金
	资产管理和银行托管业务
	消费金融
	跨产业控股公司

彭博 ESG 指数环境评分项目如表 3-4 所示。彭博 ESG 指数环境评分项目共涉及 7 大主题、46 个评分议题，主要采用根据公司经营情况产生的污染物排量与公司内部环保政策相结合的方式，评价公司的环境风险。

表 3-4 彭博 ESG 指数环境评分项目

范畴	主题	评分议题
环境	空气质量	氮氧化物排放量
		挥发性有机物排放量
		一氧化碳排放量
		颗粒物排放量
		二氧化硫/硫氧化物排放量
	气候变化	是否有减少排放量的措施
		是否有应对气候变化的政策
		是否对气候变化带来机遇
		是否对气候变化带来风险
		二氧化碳直接排放量
		二氧化碳间接排放量
		臭氧层消耗物质排放量
		温室效应气体范围 1 排放量
		温室效应气体范围 2 排放量
		温室效应气体范围 3 排放量
		范围 2 中市场主体的温室气体排放量
		对范围 1 到范围 3 的披露情况
		单位生产排碳总量

续表

范畴	主题	评分议题
环境	生态和生物多样性影响	是否有生物多样性政策
		对公司环境罚单的数量
		对公司环境罚款的金额
		对公司重大环境罚款的数量
		对公司重大环境罚款的金额
	能源	是否有提升能源效率的政策
		能源消耗总量
		可再生能源使用总量
		电量使用总量
		燃料使用总量-煤/褐煤燃料
		燃料使用总量-天然气燃料
		燃料使用总量-原油/柴油
		自产可再生电量总量
		单位生产用电总量
	材料及废物	是否有减少废弃物政策
		有害废弃物总量
		废弃物总量
		废弃物回收总量
		原材料使用总量
		材料回收比例
		被送去填埋场的废弃物总量
		由可持续资源提供的原材料比例
	供应链	是否有环境供应链管理流程
	水资源	是否有节水政策
		总排水量
		单位生产总用水量
		取水总量
		用水总量

整体上看，MSCI和彭博的ESG指数环境分项评分各有利弊。其中MSCI ESG指数对环境融资造成的正向影响进行打分，而彭博ESG指数则对公司经营所导致的污染物排放进行负向打分。因此，需要对比数据特征挑选适合用于计量分析的指数。

2011—2020 年彭博 ESG 指数环境分项评分如图 3-3 所示和 2007—2020 年 MSCI ESG 指数环境分项评分如图 3-4 所示。我们可以发现彭博 ESG 指数环境分项评分多数呈现上升趋势，一定程度上印证了我国商业银行绿色金融发展的质和量在稳步提升的实际情况。而 MSCI ESG 指数环境分项评分由于采用了正向评分法，基于抓取披露数据的打分出现较大的波动，并未呈现明显的上升趋势，且存在数据断点的情况。通过两组环境分项评分的对比，本书认为彭博 ESG 指数环境分项评分更能全面反映商业银行绿色金融的整体发展情况，适合作为后续章节研究中银行经营效率的核心解释变量。

综上所述，绿色信贷是绿色金融的主力军，且信贷业务又是商业银行主要盈利业务，适宜作为绿色金融发展指标，研究其对银行经营绩效的影响。同时，绿色信贷余额作为我国绿色产业的主要融资方式，其对环境保护的作用不言而喻，适宜代替商业银行绿色金融发展指标，研究其对商业银行社会效益的影响。彭博 ESG 指数环境分项评分对绿色金融的发展评价更为全面和综合，从碳减排视角体现了商业银行绿色金融的发展能力和发展水平，适宜作为绿色金融发展指标，研究其对商业银行内部经营效率的影响。

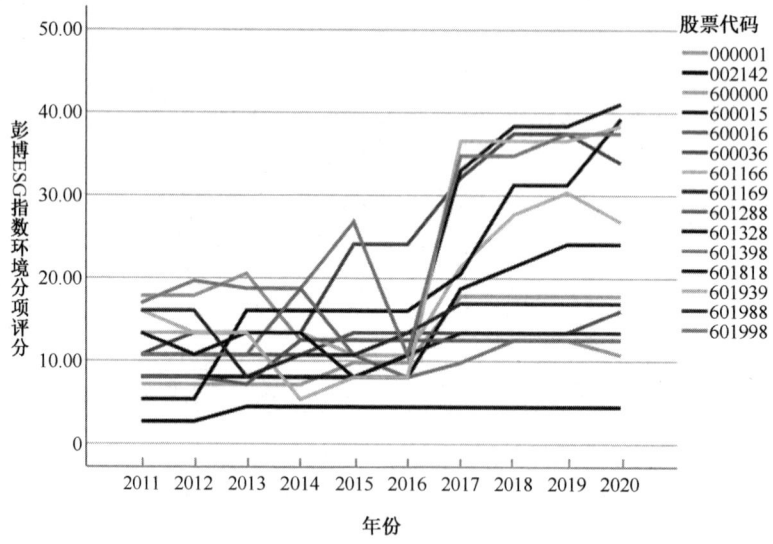

图 3-3　2011—2020 年彭博 ESG 指数环境分项评分

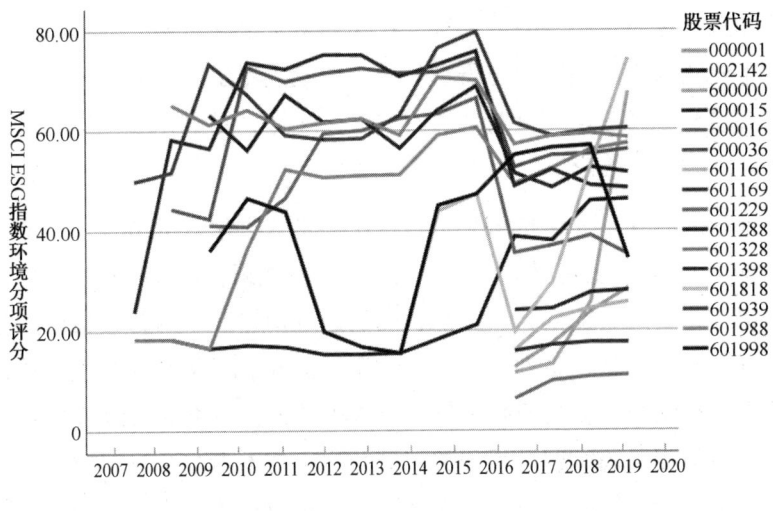

图 3-4　2007—2020 年 MSCI ESG 指数环境分项评分

第二节　商业银行数字化转型指标的构建

一、构建方法

目前,我国学者在研究企业数字化转型时,常采用文本挖掘法、主成分分析法和等效替代法构建企业数字化转型指数。本节分别对三种数字化转型指数的构建方法进行优缺点分析,通过对比,主成分分析法构建的数字化转型指数对商业银行数字化转型水平的评估更具有代表性和全面性。

(一)文本挖掘法

文本挖掘法是一种基于关键词词频的量化分析方法,通过从大量非结构化文本数据中获取特定信息,并整理信息将其价值最大化。文本挖掘法的优势是可以节省数据采集时间,并保证数据的客观性。该方法可以利用电脑程序快速完成大量的文本挖掘任务,节省研究人员的时间和精力。同时,采用文本挖掘法挖掘出的数据词频,客观性较强,可以降低人为因素的干扰,增加研究的科学性和严谨性。如果仅根据词频统计来构建数字化转型指数,研究者可能在一定意义上忽略了关键词在挖掘文本中的重要性。例如，关键词作为文本标题或着重突出的词语，与在段中或段尾出现的关键词的重要程度不同。而这种忽视关键词重要程度的做法，往往会导致无法从抓取数据中得出更深层次的研究结论，可能会削弱研究本身的意义。

我国学术界在研究中使用文本挖掘法构建数字化转型指数多借鉴于沈悦和郭品在 2015 年发表的《互联网金融加重了商业银行的风险承担吗？——来自中国银行业的经验证据》。沈悦和郭品通过构建互联网金融指数的相关词库，在百度搜索提取关键词词频，再利用 Pearson 相关分析法二次筛选，最后使用因子分析法将众多的原有变量综合成少数的互联网金融综合指数。吴非将数字化转型相关关键词进行分类，借助爬虫技术抓取企业年报中的"数字化转型"关键词词频，构建商业银行数字化转型指数。广东金融学院国家金融学研究中心基于吴非的方法，在上市企业年报中挖掘与"数字化转型"相关的特征词，运用文本分析和因子分析的双重量化工具构建了 2007—2020 年上市公司数字化转型指数。袁淳将吴非使用的关键词词库进行了扩充，利用国泰君安数据库提供的相关词频构建出了数字化转型指数。

（二）主成分分析法

主成分分析法是一种常用的数据降维方法。通过将原来的多个有相关性的变量重新组合成一组新的相互无关的综合变量，用较少的综合指标分别代表存在于各个变量中的各类信息。主成分分析法的主要优点是在减少分析指标的同时，可以将原指标的信息损失降至最低，并可以客观地确定各个指标的权重，对收集的数据进行更为全面的分析。同时，主成分分析法通过数据降维，消除了评估指标之间的相关影响，增加了研究的稳健性。主成分分析法也存在缺点，其无法对相关性较弱的原始数据进行有效降维，该方法仅适用于相关性较强的变量。同时，对于存在多重共线性的原始变量，主成分分析法无法对重叠信息进行有效剔除。

主成分分析法是学术研究中常用的分析方法。顾乃康和周艳利运用主成分分析法，从监督、激励、决策多方面构造综合性指标来度量公司治理水平。周宏选择独立董事占比、董事会持股比例等 8 个公司治理变量，利用主成分分析法构建公司治理水平指标。韩亮亮等利用居民收入支出等指标计算出省级共同富裕度。黄利文利用信息熵与主成分的贡献率相结合的方法评价了 21 家上市公司经营情况，评价结果与广发证券研究报告中的评级结果基本一致，证实了改进后主成分分析法的有效性。

（三）等效替代法

等效替代法是指在研究中因数据受到特殊限制无法直接获得的情况下，采用与之相似或有共同特征的数据来替代研究的方法。等效替代法作为学者研究的常用方法，数据的易得性是其最突出的优点，但等效替代的数据无法完全反映被替代数据的全部性质和特征。

数字化转型水平是商业银行的一项重要的无形资产，我国学者在研究数字化转型水平时使用无形资产数量或无形资产比例代替数字化转型水平。王诗卉和谢绚丽将商业银行的数字金融专利数量作为考察银行数字化创新行为的指标，同时借鉴 Kaplan and Vakili，从 SOOPAT 专利数据库中识别商业银行专利摘要中与数字化创新相关的关键词，利用筛选出的专利数量刻画商业银行的数字化转型水平。张永珅采用公司财务报表附注中数字化无形资产占无形资产总额的比重衡量企业数字化水平。庞瑞芝利用数字化投资占总资产的比例来代替企业数字化转型水平。

三种数字化转型水平度量方法的优缺点比较如表 3-5 所示。通过横向对比三种数字化转型指数的构建方法，我们发现采用主成分分析法构建的数字化转型指数更具代表性和全面性，可以避免文本挖掘法和等效替代法中数据的片面性。同时，主成分分析法可以有效地消除原始数据间的相关性，并客观有效地反映数字化转型水平。以北京大学中国商业银行数字化转型指数为例，其采用定量数据与定性打分相结合的方式从数字化战略、数字化业务和数字化管理三个方面全面衡量了数字化转型水平。但是数字化战略、数字化业务和数字化管理三个方面之间又存在很强的关联性，数字化战略可以加强数字化管理，数字化管理又可以推动数字化业务发展。主成分分析法可以通过数据降维，确定三个方面的合理权重，并消除它们之间的强相关性，使得构建的数字化转型指数更具代表性和全面性。

表 3-5　三种数字化转型水平度量方法的优缺点比较

度量方法	优点	缺点
文本挖掘法	1. 数据易得，节省数据采集时间 2. 保证了数据的客观性，防止了主观因素的影响	1. 忽略了关键词在挖掘文本中的重要性 2. 词频在一定程度上忽略了研究本身的意义
主成分分析法	1. 可以客观地反映各个指标的权重 2. 数据降维，消除了评估指标之间的相关影响，增加了研究的稳健性	1. 仅适用于变量间有较强相关性的数据，若原始数据相关性弱，则起不到很好的降维作用 2. 如果原始变量间存在多重共线性，则存在信息重叠的问题，主成分分析法不能有效剔除信息重叠
等效替代法	1. 数据易得 2. 节省数据采集时间	无法完全反映替代数据的全部性质和特征

二、文本挖掘法构建指数的描述性统计分析

本节借鉴吴非和袁淳所使用的数字化转型指数构建方法，采用文本挖掘法构建了两种 16 家商业银行 2010—2021 年数字化转型指数。文本挖掘法构建步骤如表 3-6 所示。通过对比两种构建方法，我们可以在关键词词库和词频抓取上采用的方法在实际意义上的区别不是很大。两种方法都是通过从重要政策文件中筛选关键词建立词库，并且都是基于相关年报文本信息来进行词频抓取的。两种方法的主要区别在于吴非采用了词频加总的方式来构建数字化转型指数，而袁淳则采用了词频除以年报中管理层讨论与分析语段长度的方式构建数字仪转型指数。总体上来说，两类方法下构建的企业数字化转型指数更多地作为企业年报中词频数量的一种表现形式，需要引入更多其他指标来系统性地衡量企业数字化转型水平。

表 3-6　文本挖掘法构建步骤

	词库构建方法	词频抓取方法	指数构建方法
吴非采用的数字化转型构建方法	参考陈春花、陈剑、李春涛和凌润泽在研究中使用的数字化转型相关关键词，结合重要政策文件和研究报告，归纳整理出"底层技术运用（人工智能、大数据、云计算、区块链）"与"技术实践应用"两个层面的关键词词库	Python 爬虫功能归集整理了上海交易所、深圳交易所全部 A 股上市企业的年度报告，并通过 Java PDFbox 库提取所有文本内容，进行词频统计	采用词频加总的方式，构建数字化转型指数

续表

	词库构建方法	词频抓取方法	指数构建方法
袁淳采用的数字化转型构建方法	借鉴何帆和刘红霞的方法，从2012—2018年期间发布的国家层面数字经济相关政策文件中提取数字化相关的关键词。利用Python进行分词处理和人工识别，筛选得到197个频率大于等于五次的企业数字化相关词汇	将197个词汇扩充到Python软件包的"jieba"中文分词库，然后基于机器学习的方法对上市公司年报"管理层讨论与分析"部分进行文本分析，统计关键词词频	采用相关词汇频数总和除以年报中管理层讨论与分析语段长度的方式，构建数字化转型指数

2001—2021年商业银行数字化转型指数（袁淳）如图3-5所示，2007—2021年商业银行数字化转型指数（吴非）如图3-6所示。通过对比两种方法下构建的数字化转型指数的时间趋势，我们发现文本挖掘法构建的商业银行数字化转型指数除个别极值外，整体呈明显上升趋势。但是两种方法构建的转型指数都存在数据断点和较大的波动，甚至部分时间段内的波动幅度超过50%，这与现实情况中商业银行数字化转型需要逐年积累、稳步攀升的情况相矛盾。这种变化可能归结于基于词频的文本挖掘法构建的指数仅关注文本中提取的词频数量，忽略了对关键词的利用和分析。

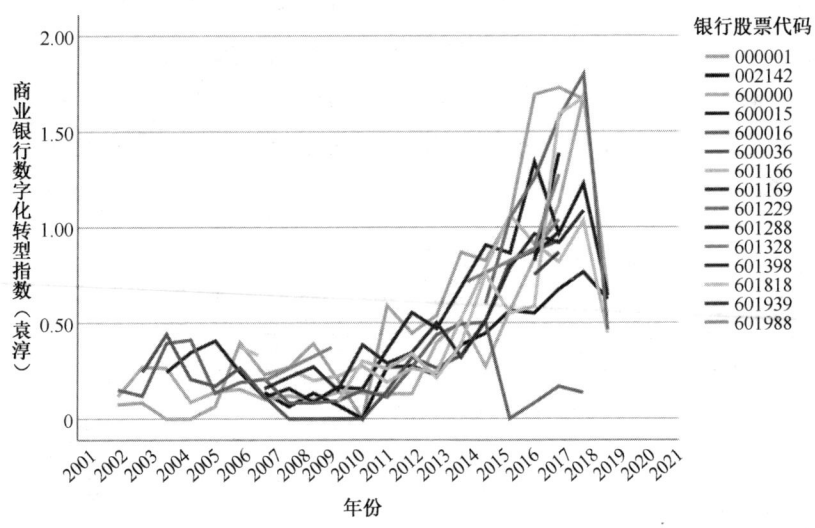

图3-5 2001—2021年商业银行数字化转型指数（袁淳）

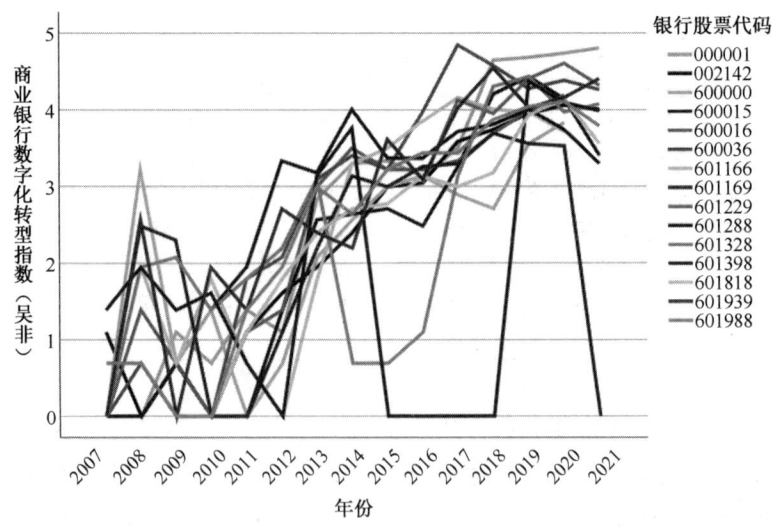

图 3-6　2007—2021 年商业银行数字化转型指数（吴非）

三、主成分分析法构建指数的描述性统计分析

本节绘制并分析了北京大学团队构建的 2010—2021 年中国商业银行数字化转型指数的时间趋势图。该指数通过邮件向北京大学数字金融研究中心课题组索取。北京大学中国商业银行数字化转型指数采用了定量指标和定性指标相结合的方式，从数字化战略、数字化业务和数字化管理三个维度分别对商业银行进行评分，再通过主成分分析法确定三个维度的权重构建数字化转型的总指标。

表 3-7　商业银行数字化转型指标体系权重

一级指标	一级指标权重	二级指标	具体指标权重
数字化战略	14.89%	数字技术提及	100%
数字化业务	31.23%	数字化渠道	42.22%
		数字化产品	47.18%
		数字化研发	10.60%
数字化管理	53.88%	数字化架构	20.84%
		信科董事	28.60%
		信科高管	28.21%
		数字化合作	22.35%

在数字化战略方面，关注商业银行战略层面对数字技术的重视程度，具

体通过对年报中关键词词频的统计对指标进行打分。课题组借鉴 Hassan 的方法，将关键词词频与关键词语境相结合，对 6 大类共 124 个相关关键词进行统计分析。6 大类关键词分别为人工智能类、区块链类、云计算类、大数据类、线上化类、移动化类。

在数字化业务方面，关注银行将数字技术融合于经营业务后的服务深度。课题组通过数字化渠道、数字化产品、数字化研发三个维度，对银行数字化业务进行衡量。其中，数字化渠道通过银行当年是否推出了手机银行、微信银行进行衡量；数字化产品主要关注互联网理财、互联网信贷和电子商务的推出情况；数字化研发则通过数字技术相关专利的申请数量进行衡量。

在数字化管理方面，关注银行将数字技术融合于治理结构和组织管理的程度。通过数字化架构、数字化人才、数字化合作三个维度，对银行的数字化管理进行衡量。其中，数字化架构通过银行是否在内部进行组织架构的调整，以及是否设立金融科技子公司进行衡量；数字化人才通过信科董事、信科高管的占比来衡量；数字化合作通过银行当年是否开展了与外部科技公司的投资合作进行衡量。

2010—2021 年北京大学商业银行数字化转型指数如图 3-7 所示。北京大学商业银行数字化转型指数下的商业银行的数字化转型水平整体呈上升趋势。

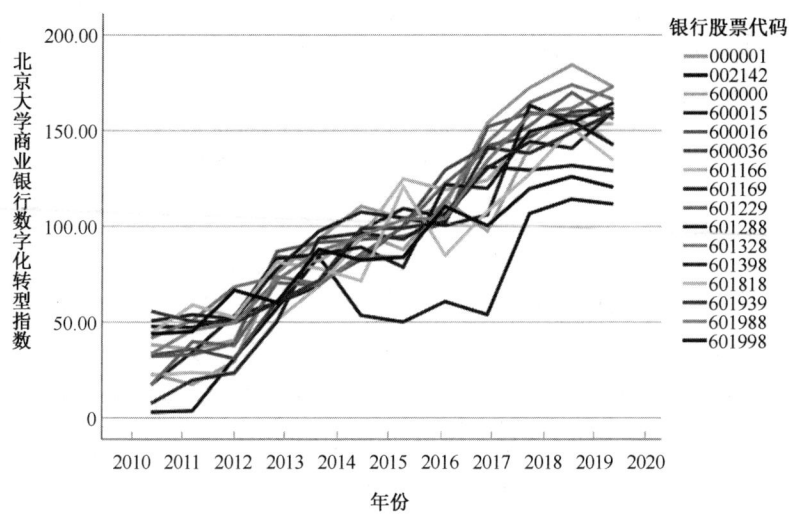

图 3-7　2010—2021 年北京大学商业银行数字化转型指数

指数中仅有宁波银行一家的数字化转型水平出现了较大的波动,这主要是受到宁波银行数字化转型起步时间较晚、在政策调整与技术应用上存在滞后的影响。综合数据特征和构建方法来看,相比文本挖掘法构建的商业银行数字化转型指数,北京大学商业银行数字化转型指数涵盖范围更广,指数更具有代表性和全面性,与实际更贴切,可以更直观地体现商业银行数字化转型的综合水平。

四、等效替代法构建指数的描述性统计分析

本节借鉴张永珅和庞瑞芝使用的无形资产等效替代法构建的商业银行数字化转型指数。

张永珅借鉴何帆和祁怀锦的研究方法,借助上市公司财务报告披露的与数字化转型相关的无形资产占无形资产总额的比重度量企业的数字化转型水平。具体的,当无形资产明细项中包含"软件""网络""客户端""管理系统""智能平台"等与数字化转型相关的关键词和相关专利时,将该明细项目界定为"数字化技术无形资产",再对同一公司同年度多项数字化技术无形资产进行加总,计算其占本年度无形资产的比例,即为企业的数字化转型指标。

庞瑞芝采用数字化投资(硬件和软件)与总资产之比表示企业数字化水平。对于数字化投资(硬件)数额采用数字化固定资产投资作为其度量指标。将固定资产中电子设备、办公电子设备、计算机等与数字化有关的投资作为数字化固定资产投资;对于数字化投资(软件)采用数字化无形资产投资作为其度量指标。将无形资产中软件、系统、数据库、信息化等投资作为数字化无形资产投资。

2001—2021 年商业银行数字化转型指数(无形资产中数字化相关比重)如图 3-8 所示,2001—2021 年商业银行数字化转型指数(无形资产占总资产比重)如图 3-9 所示。通过对比图 3-8 和图 3-9,可以发现两种方法下构建的指数存在较大波动,均有严重的断点,仅有部分银行数字化转型随时间呈上升趋势,无法反映我国商业银行整体的数字化转型趋势。

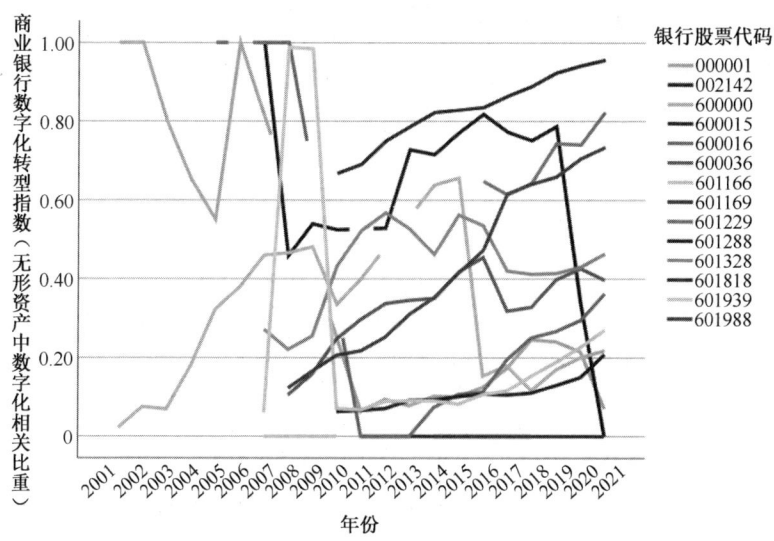

图 3-8　2001—2021 年商业银行数字化转型指数（无形资产中数字化相关比重）

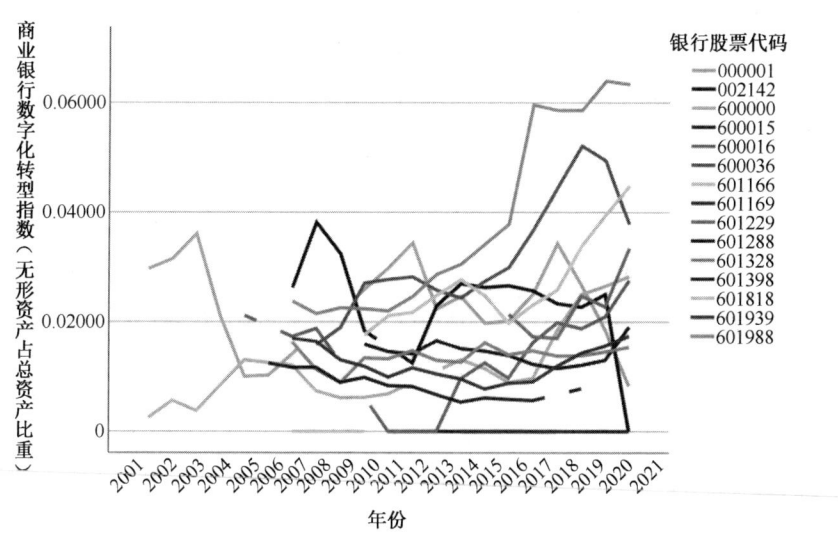

图 3-9　2001—2021 年商业银行数字化转型指数（无形资产占总资产比重）

通过整体分析对比这两种构建方法和指数特征，通过固定资产和无形资产财务指标来反映数字化转型指数，在一定程度上无法反映出商业银行数字化战略导向与数字化管理水平，且存在严重的数据缺失情况，无法全面地表达数字化转型指数，不适用于计量研究。

通过文本挖掘法、主成分分析法和等效替代法三种方法构建商业银行数字化转型指数，根据指数的描述性统计结果，我们分析认为北京大学团队基于主成分分析法构建的中国商业银行数字化转型指数更具代表性，更接近银行数字化转型的真实水平，选取其作为后续章节实证检验的解释变量。

　　本章参考已有研究使用的方法对商业银行绿色金融发展水平和数字化转型水平进行测度，并根据对测度方法和测度数据的描述性统计分析，选择与商业银行经营效益、经营效率和社会效益高度相关的数字化转型指数，作为后续实证检验数据。首先，使用定量和定性相结合的方法对商业银行绿色金融发展水平进行测度，通过描述性统计结果，我们分析认为绿色信贷为绿色金融核心产品，占银行总信贷比重高，作为银行绿色金融发展水平的代理指标可以较好地反映其对银行经营效益和社会效益的影响；同时，彭博 ESG 指数环境分项评分可以更全面地衡量商业银行绿色金融业务的环境贡献，适合作为反映银行经营效率的核心解释变量。其次，使用文本挖掘法、主成分分析法和等效替代法构建商业银行数字化转型指数，通过对比构建方法和指数的描述性统计结果，我们分析认为北京大学构建的中国商业银行数字化转型指数可以较充分地反映银行数字化转型水平。

第四章

绿色金融对商业银行短期经营
效益影响的实证分析

第一节 场景设定与研究假设

一、绿色信贷与商业银行经营效益

我国经济正处于从高速增长向高质量发展的转型阶段，发展绿色金融是商业银行把握新发展阶段、贯彻新发展理念的重要体现。随着商业银行对绿色金融发展的深度推进，绿色信贷业务收益难以覆盖成本的问题日益突显，阻碍了商业银行发展绿色金融的积极性。自 2008 年国家环保总局颁布《关于加强上市公司环境保护监督管理工作的指导意见》以来，我国上市银行披露的绿色信贷余额在总贷款额度中的占比逐年上升。截至 2022 年年末，我国绿色贷款余额超 22 万亿元人民币，约占所有贷款余额的 10%，单是工商银行一家的绿色贷款的占比已达 17.14%。但是近年来商业银行营收增长率和相关研究结论显示，绿色信贷业务并没有对商业银行绩效产生积极影响。随着工商银行绿色信贷占比的增加，其资产回报率从 2011 年的 1.44%降至 2022 年的 0.97%。对于此结果，部分学者认为由于绿色信贷的识别成本较高，信息不对称导致商业银行无法准确判断客户风险，需要借助第三方数据库或额外的人力资源增加风险分析的准确性，变相增加了业务成本。

然而，从理论角度分析，绿色信贷具有风险低、利率低和期限长的特点，可以为商业银行提供长期稳定的收益回报。我国学者从风险管理、声誉影响、融资需求、产业结构等角度论证了绿色信贷对银行经营效益的积极影响。基于此，本书提出研究假设 4-1。

研究假设 4-1a：绿色信贷对商业银行经营效益有积极影响。

研究假设 4-1b：绿色信贷对商业银行经营效益有消极影响。

二、数字化转型与商业银行经营效益

随着我国数字技术在商业应用领域的不断应用，商业银行借助数字技术实现了对信息的获取、处理和分析能力的提升，增强自身的行业竞争力。数字化转型成为商业银行履行科技兴国责任、推动银行业变革的重要方式。商业银行借助数字技术可以提升数据的获取规模和获取质量，实现对数据的自动化、差异化和精准化分析。商业银行借助大数据和人工智能可以实现了对客户风险的精准分析，提升风险识别能力，降低业务交易成本；银行借助数字技术可以重塑审批流程，利用自动化、智能化审批机制代替传统业务模式中低效的人工审批，提升审批效率；银行利用智能系统可以实现对用户足迹的动态跟踪，基于历史数据制定满足客户需求的差异化产品，进一步降低获客成本。

同时，部分学者也对商业银行应用数字技术带来的负面影响表示了担忧。首先，数字化转型前期投入资金规模巨大，对商业银行自身经营质量要求较高，中小银行一味模仿大型银行的数字化转型途径可能会给自身经营带来负担。其次，数字技术明显加剧了银行间竞争，净息差持续下滑可能导致银行增加高风险业务的比重，降低银行资产质量。最后，数字技术增加了金融机构之间的关联性，使风险在机构间更容易传导，提升了系统性风险的发生概率。基于此，本书提出研究假设 4-2。

研究假设 4-2a：数字技术对商业银行经营效益有积极影响。

研究假设 4-2b：数字技术对商业银行经营效益有消极影响。

三、数字化转型与商业银行绿色信贷效益

商业银行借助数字技术可以有效解决绿色信贷中信息不对称的问题，在提高信贷资产质量的同时，进一步扩大绿色信贷规模，提升经营效益。数字技术可以发挥信息化机制，解决信息不对称问题。数字技术通过增强商业银行信息获取能力和信息处理能力，突破传统信贷审核中需要完全依靠抵押品和财务信息的风险识别方式，降低商业银行绿色信贷业务的识别成本，提升银行经营效益。数字技术可以发挥风险承担机制，改善绿色信贷资产质量。商业银行利用数字技术可以实现对客户风险状况的精准判断，降低商业银行绿色信贷风险，减少呆账、坏账对银行利润的侵蚀，增强银行风险承担能力。同时，数字技术能够实现对用户碳足迹的动态捕捉，对授信客户履约能力进行动态评价，形成一套具有前瞻性和时效性的管理流程，降低银行的信用风险水平。数字技术可以发挥长尾效应，扩大绿色信贷规模。长尾理论强调"客户力量"和"小利润大市场"两个核心概念。商业银行传统的获客模

式，面临人力成本和时间成本较高问题。商业银行为了追求短平快的收益，往往会选择性地去挖掘优质客户的显性需求，忽略市场中长尾客户的潜在诉求，这也导致银行的金融产品和金融服务存在一定的局限性。商业银行借助数字技术可以对客户信息进行更全面的收集和分析，利用差异化产品、差异化服务和差异化定价满足客户的不同需求，进一步扩大绿色信贷规模，提升银行经营效益。基于此，本书提出研究假设 4-3。

研究假设 4-3：数字技术对商业银行绿色信贷经营效益有积极的调节作用。

第二节　研究设计

一、构建调节效应模型

为检验数字化转型对商业银行绿色信贷经营效益的影响，借鉴于建玲的方法采用调节效应模型进行研究，本书建立模型（4-1）～模型（4-3）对假设4-1 到假设 4-3 进行检验。本研究设置如下模型：

$$\text{ROA}_{i,t} = \alpha_0 + \alpha_1 \ln \text{Green}_{i,t} + \alpha_2 \text{Controls}_{i,t} + \tau_i + \sigma_t + \upsilon_{i,t} \quad (4\text{-}1)$$

$$\text{ROA}_{i,t} = \beta_0 + \beta_1 \text{DT}_{i,t} + \beta_2 \text{Controls}_{i,t} + \mu_i + \theta_t + \varepsilon_{i,t} \quad (4\text{-}2)$$

$$\text{ROA}_{i,t} = \pi_0 + \pi_1 \ln\text{Green}_{i,t} + \pi_2 \text{DT}_{i,t} + \pi_3 \ln\text{Green}_{i,t} \times \text{DT}_{i,t} + \pi_4 \text{Controls}_{i,t} + \partial_i + \gamma_t + \delta_{i,t}$$

$$(4\text{-}3)$$

模型（4-1）为基准模型，检验绿色信贷对商业银行经营绩效的影响。被解释变量 $\text{ROA}_{i,t}$ 为商业银行的总资产收益率，下标 i 和 t 分别表示第 i 家银行第 t 年的数据（其他解释变量下角标含义相同）。当前，我国商业银行营业收入仍以存贷利差为主，并且绿色信贷在商业银行信贷总量中的占比逐年升高，采用 ROA 能更好地衡量绿色信贷对商业银行盈利能力的影响。$\ln \text{Green}_{i,t}$ 为模型（4-1）核心解释变量，代表第 i 家银行在第 t 年对数形式下的绿色信贷余额。$\text{Gontrols}_{i,t}$ 为控制变量，包括贷款总额（lnloan）、存款总额（LND）、存贷比（LTD）、资本充足率（CAR）、营业收入（lnincome）、营业支出（LNEX）、总资产水平（lnASSET）、消费者物价指数（CPI）、广义货币增速（G_M_2）。变量释义如表 4-1 所示。τ_i 代表商业银行个体固定效应，σ_t 代表时间固定效应，$\upsilon_{i,t}$ 表示随机扰动项。

模型（4-2）使用商业银行数字化转型水平 $DT_{i,t}$ 替换了商业银行的绿色信贷余额，检验数字技术作为解释变量对银行经营绩效的影响。模型中其他解释变量与模型（4-1）中一致。μ_i 代表商业银行个体固定效应，θ_t 代表的时间固定效应，$\varepsilon_{i,t}$ 代表随机扰动项。根据模型（4-2）可知，若数字化转型水平对商业银行绩效存在直接影响，则 β_1 应该显著。

模型（4-3）使用绿色信贷余额、数字化转型水平及二者的交互项 $\ln Green_{i,t} \times DT_{i,t}$ 作为主要解释变量，检验数字化转型对商业银行绿色信贷余额和商业银行经营效益的调节效应。∂_i 代表加入交互项后的商业银行个体固定效应，γ_t 代表加入交互项后的时间固定效应，$\delta_{i,t}$ 代表加入交互项后的新模型的随机扰动项。根据模型（4-3）可知，π_1 和 π_2 表示数字化转型水平作为调节变量加入模型时，绿色信贷余额和银行数字化转型水平对银行经营效益的直接影响。π_3 表示交互项对银行经营效益的影响，如若存在正向的调节效应，则 π_3 应该显著为正。

二、变量说明

被解释变量：模型使用商业银行总资产收益率（ROA）作为衡量商业银行经营效益的指标。随着我国商业银行绿色信贷余额占信贷余额比重逐年提升，采用 ROA 可以充分反映银行收益随绿色信贷余额增加的变化情况。

核心解释变量：参考蒋海和易扬的做法，采用对数形式下的绿色信贷余额（lnGreen）作为商业银行经营效益的核心解释变量，个别缺失的数据采用均值插补补齐。数据来源为商业银行历年社会责任报告。

调节变量：商业银行数字化转型水平采用北京大学中国商业银行数字化转型指数。同时，为了降低多重共线性对检验结果的影响，实证分析中使用了去中心化后的绿色信贷余额（$C\_lnGreen$）与数字化转型指数（C_DT）的交互项（$C\_lnGreen \times DT$）。

控制变量：为捕捉其他可能影响基准结果的变量，客观分析数字化转型对绿色信贷和银行经营效益的调节效应，本研究加入了一系列相关控制变量。具体而言，为衡量资产规模，从银行微观层面，引入 lnasset（总资产的自然对数）。为衡量银行信贷总额，引入 lnloan（信贷总额的自然对数）。为衡量贷款比例，引入 LTD（存贷比）。为衡量银行风险抵补能力，引入 CAR（资本充足率）。为衡量银行利息收入，引入 lnincome（利息收入的自然对数）。为衡量银行经营支出，引入 LNEX（营业支出的自然对数）。从国家宏观层面，为衡量我国物价水平，引入 CPI（历年消费者物价指数增长率）。为衡量我国广义货币增长速率，引入了（G_M_2 广义货币增速）。

表 4-1　变量释义

类别	变量名称	变量	定义
被解释变量	总资产收益率	ROA	净利润/平均总资产（%）
解释变量	绿色信贷余额自然对数	lnGreen	绿色信贷余额取自然对数
调节变量	数字化转型水平	DT	商业银行数字化转型程度
交互项	绿色信贷与数字化转型水平交互项	lnGreen×DT	绿色信贷余额自然对数与数字化转型水平乘积
控制变量	贷款总额	lnloan	贷款总额取自然对数
	存贷比	LTD	贷款总额比存款总额（%）
	资本充足率	CAR	资本总额/加权风险资产（%）
	利息收入	Lnincome	利息收入取自然对数
	营业支出	LNEX	营业支出取自然对数
	总资产	lnasset	银行资产总额取自然对数
	消费者物价指数增长率	CPI	以上一年度同期数据为基准（%）
	广义货币增速	G_M_2	以上一年度同期数据为基准（%）

三、数据来源和描述性统计分析

本研究的被解释变量商业银行经营效益（ROA）来源于国泰安数据库；核心解释变量绿色信贷余额来源于商业银行社会责任报告；调节变量数字化转型水平来源于北京大学中国商业银行数字化转型指数；控制变量均来源于国泰安数据库。

本研究选取 2010—2021 年我国深沪 A 股和 H 股上市的商业银行作为研究样本。为不失一般性，对样本数据进行如下处理：首先，剔除我国在深沪 A 股和 H 股上市银行中未披露绿色信贷余额的商业银行样本。其次，剔除主要变量存在数据缺失的样本。最后，对连续型变量进行双侧 1% 的缩尾（winsorize）处理。经过以上处理，最终得到涉及 2010—2021 年 53 家商业银行的 371 个观测值。

变量统计性描述如表 4-2 所示，银行盈利水平 ROA 的标准差为 0.24 亿元，说明大部分商业银行收益指标与平均值之间的差异不大。但我国商业银行盈利能力极值差异较大，最大值为 1.71 亿元，最小值为 0.04 亿元，最大值为最小值的 42.75 倍，说明商业银行收入水平存在分层。银行绿色信贷水平 lnGreen 的均值为 2.36 亿元，标准差为 0.89 亿元，说明各家银行绿色信贷规模与平均水平差异较大。商业银行数字化转型水平 DT 的均值为 91.76 亿元，标准差为 36.46 亿元，说明各家商业银行数字化转型水平与平均值存在极大差异。

从控制变量看，样本期间平均贷款水平为 11.89 亿元，平均存贷比为 74.59%，平均资本充足率为 13.15%，平均利息收入水平为 10.83 亿元，平均营业支出水平为 10.23 亿元，平均资产水平为 12.2 亿元。总体而言，本研究样本的银行盈利水平、绿色信贷水平与数字化转型水平的统计结果与李志辉的类似，具有良好可比性。

表 4-2　变量描述性统计结果

变量	观测值	均值	标准差	最小值	25%分位数	中位数	75%分位数	最大值
ROA	377	0.88	0.24	0.04	0.75	0.85	1.02	1.71
lnGreen	353	2.36	0.89	0.31	1.80	2.26	3.07	4.27
DT	371	91.76	36.46	11.43	61.34	90.84	116.31	172.81
lnloan	371	11.89	0.65	10.78	11.36	11.81	12.43	13.23
LTD	371	74.59	13.08	42.19	66.51	72.80	81.89	116.42
CAR	371	13.15	1.58	8.09	12.02	13.00	14.21	18.02
lnincome	371	10.83	0.70	9.40	10.31	10.80	11.35	13.55
LNEX	371	10.23	0.70	8.90	9.64	10.18	10.73	12.94
lnasset	371	12.20	0.62	11.05	11.73	12.12	12.72	13.47
CPI	377	2.62	1.65	-0.69	1.60	2.50	3.32	5.86
G_M_2	377	10.82	2.93	8.17	8.74	10.08	11.33	19.70

第三节　实证检验和结果分析

一、实证结论

本研究的实证检验采用双重固定效应模型，在控制商业银行个体差异和时间差异的情况下，探究数字化转型对商业银行绿色信贷经营效益的影响。绿色信贷对商业银行经营效益的影响如表 4-3 所示。表 4-3 第（1）列为模型（4-1）回归结果。结果显示，绿色信贷水平对商业银行经营效益的影响在 5% 的水平下显著为负，绿色信贷规模每上升一个单位商业银行总资产收益率降低 0.071%。对此结论，可能的解释有两点：第一，受国际局势动荡和国内突发公共事件的双重影响，我国经济增速显著放缓，商业银行整体盈利能力逐年下降，仅通过开展绿色信贷业务无法改善银行业盈利能力减弱的问题。第二，从短期来看，商业银行执行绿色信贷政策的初期，会增加商业银行风险识别成本，降低银行经营效益。绿色金融发展初期的融资项目伴有"漂绿""洗绿"的风险，商业银行不得不投入大量人力、物力提升项目风险的识别能力，或者借助第三方评估机构对融资项目进行风险评估，无形中增加了商业银行绿色信贷业务的识别成本，降低了银行经营收益。

同时，表 4-3 第（3）列为加入数字化转型与交互项作为解释变量的回归结果，与第（1）列结果一致，均显示绿色信贷余额对商业银行经营效益影响显著为负。这一研究结论与张承惠、王程超和张路的研究结果一致。综上，绿色信贷对商业银行经营效益影响为显著负，假设 4-1b 成立。

表 4-3 第（2）列为模型（4-2）回归结果，主要检验数字化转型水平对商业银行经营绩效的影响。表 4-3 第（2）列结果显示，数字化转型对商业银行经营绩效的影响在 10% 的水平下显著为正，商业银行数字化转型水平每上升一个单位商业银行绩效增加 0.075%。对此结论，可能的解释为，商业银行通过数字技术发挥信息化机制，提升了商业银行经营效益。商业银行可以借助智能平台，实现业务的线上化、自动化处理，通过改善银行业务处理流程，扩大银行业务规模，提升银行盈利水平。同时，商业银行可以借助大数据和

人工智能有效识别客户，满足客户差异化需求，进一步提升银行经营效益。综上，数字化转型对商业银行经营效益影响显著为正，假设 4-2a 成立。

表 4-3 第（3）列中为避免解释变量与交互项存在多重共线性的情况，根据 Robinson 和 Schumacker 的方法对绿色信贷余额和数字化转型水平进行去中心化处理，利用去中心化后的绿色信贷余额和去中心化后的数字化转型水平生成交互项 $C\_lnGreen×DT$。去中心化是指对数据进行均值中心化处理，即利用变量减去样本均值。数据去中心化的作用具体表现在两个方面：第一，去中心化可以减少非数据本质的多重共线性问题；第二，自变量绿色信贷余额和调节变量数字化转型水平的零点没有实际意义，去中心化在不改变调节效应检验结果的情况下，便于读者对回归系数进行解读。

表 4-3 第（3）列为模型（4-3）回归结果，检验数字化转型作为调节变量时，对绿色信贷余额和商业银行经营效益的调节作用。表 4-3 第（3）列实证结果显示数字化转型与交互项对商业银行经营绩效在5%的水平下显著为正，表示数字化转型对绿色信贷余额和商业银行经营效益有正向的调节作用。

对此结论，可能的原因有两点：第一，数字技术发挥了风险承担机制，提升商业银行对绿色信贷的风险识别能力，降低了风险识别成本。商业银行借助大数据可以有效获取融资人与融资项目的背景信息，人工智能技术可以根据相关信息对融资项目的信用风险和环境风险进行准确识别。第二，数字技术发挥了长尾效应，增加了商业银行经营效益。商业银行借助数字技术加强了对客户消费习惯的分析能力，可以更好满足客户的差异化需求，扩大绿色信贷规模，提升银行盈利水平。数字化转型对商业银行绿色信贷水平和经营效益有积极的调节作用，研究假设 4-3 成立。

表 4-3　绿色信贷对商业银行经营效益的影响

变量	（1）ROA	（2）ROA	（3）ROA
lnGreen	-0.071^{**}		-0.074^{**}
	(0.031)		(0.031)
DT		0.075^{*}	0.079^{*}
		(0.045)	(0.045)
$C\_lnGreen×DT$			0.058^{**}
			(0.027)

变量	(1) ROA	(2) ROA	(3) ROA
Lnloan	0.218	0.182	0.384*
	(0.204)	(0.213)	(0.221)
LTD	−0.002	−0.001	−0.002
	(−0.001)	(0.001)	(0.001)
CAR	0.021*	0.017*	0.015*
	(0.104)	(0.008)	(0.008)
lnincome	0.104***	0.096***	0.101***
	(0.026)	(0.026)	(0.026)
LNEX	0.019	0.015	0.026
	(0.033)	(0.0.34)	(0.033)
lnasset	0.372*	0.316	0.396**
	(0.157)	(0.162)	(0.162)
CPI	−0.076***	−0.080***	−0.089***
	(0.017)	(0.019)	(0.019)
G_M_2	0.071***	0.079***	0.092***
	(0.011)	(0.012)	(0.013)
常数项	−0.695	0.637	−1.963
	(−2.178)	(2.261)	(2.368)
个体固定效应	Yes	Yes	Yes
年份固定效应	Yes	Yes	Yes
样本量	359	357	353
R^2	0.595	0.584	0.600
adj. R^2	0.500	0.484	0.501

t statistics in parentheses $^*p < 0.10$, $^{**}p < 0.05$, $^{***}p < 0.01$

数字化转型调节作用如图 4-1 所示。商业银行经营绩效 ROA 为 Y 轴单位，绿色信贷余额为 X 轴单位，当数字化水平的回归系数增加一单位的标准差称之为高数字化水平（higher DT），回归系数减少一单位的标准差称之为低数字化水平（lower DT）。高数字化水平的调节效应在低数字化水平的调节效应之上，直观证明了商业银行数字化转型水平越高，对绿色信贷余额的调节作用越明显。

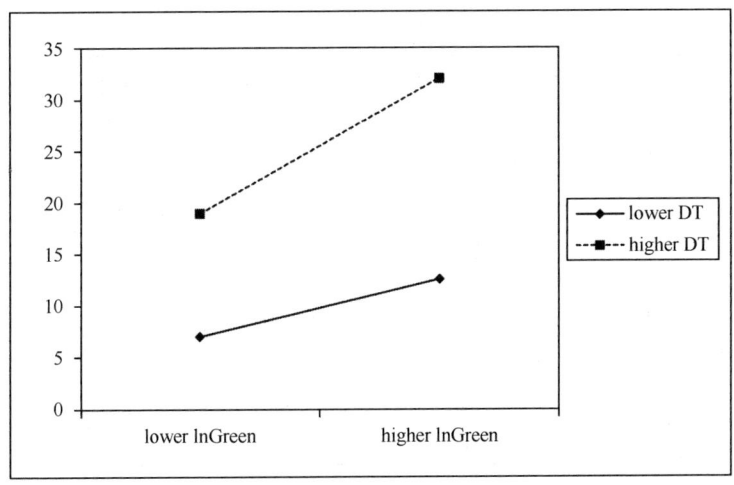

图 4-1　数字化转型调节作用

假设 4-1、假设 4-2、假设 4-3 均得到验证。实证结果与预期相符合，数字化转型对绿色信贷余额的调节作用具有显著的统计学意义和经济含义。本研究采用双重固定效应模型验证了数字化转型对商业银行绿色金融经营效益的调节作用，为商业银行数字化转型的经济作用提供了微观证据，相关结论对推进商业银行绿色金融发展具有重要意义。

二、内生性检验

（一）采用滞后一期解释变量进行回归

本研究参考孙传旺的做法，为排除核心解释变量潜在的内生性问题，利用滞后一期的绿色信贷余额进行实证检验，解释变量滞后一期回归结果如表 4-4 所示。滞后一期的绿色信贷余额对商业银行效益影响显著为负，数字化转型的调节作用显著为正。

表 4-4　解释变量滞后一期回归结果

变量	(1) ROA	(2) ROA	(3) ROA
lnGreen	−0.117***		−0.124*
	（0.035）		（0.035）
DT		0.075*	−0.086*
		（0.045）	（0.050）

变量	(1) ROA	(2) ROA	(3) ROA
C_lnGreen×DT			0.073**
			(0.030)
lnloan	0.373	0.182*	0.615**
	(0.230)	(0.213)	(0.245)
LTD	−0.002*	−0.001*	−0.002*
	(0.001)	(0.001)	(0.001)
CAR	0.026***	0.017***	0.021**
	(0.009)	(0.008)	(0.009)
lnincome	0.149***	0.096***	0.143***
	(0.042)	(0.026)	(0.043)
LNEX	0.031	0.015	0.039
	(0.035)	(0.034)	(0.035)
lnasset	0.444**	0.316**	0.458***
	(0.173)	(0.162)	(0.175)
CPI	−0.158***	−0.080***	−0.195***
	(0.029)	(0.019)	(0.033)
G_M_2	0.168***	0.079***	0.215***
	(0.022)	(0.012)	(0.027)
常数项	3.337	0.637	3.565
	(2.942)	(2.261)	(3.209)
个体效应	Yes	Yes	Yes
固定效应	Yes	Yes	Yes
样本量	309	357	306
R^2	0.614	0.584	0.624
adj. R^2	0.506	0.484	0.514

t statistics in parentheses $^*p < 0.10$，$^{**}p < 0.05$，$^{***}p < 0.01$

（二）补充解释变量

参考李春涛的做法，加入更多控制变量降低回归结果的内生性。增加解释变量银行存款规模（LND）后，增加解释变量的回归结果如表4-5所示，数字化转型的调节效应仍然显著为正，解释力度与表4-3相比有所增强。

表 4-5　增加解释变量的回归结果

变量	(1) ROA	(2) ROA	(3) ROA
lnGreen	-0.072^{**}		-0.075
	（0.031）		（0.031）
DT		0.077^{**}	0.080
		（0.045）	（0.045）
$C\_lnGreen \times DT$			0.054^{*}
			（0.027）
Lnloan	0.567	0.580	0.710
	（0.376）	（0.383）	（0.380）
LND	-0.453	-0.003	-0.441
	（0.409）	（0.002）	（0.419）
CAR	0.020^{**}	0.016^{*}	0.015
	（0.008）	（0.008）	（0.008）
lnincome	0.107^{***}	0.099^{***}	0.103^{*}
	（0.026）	（0.026）	（0.026）
LNEX	0.021	0.017	0.028
	（0.033）	（0.034）	（0.033）
Lnasset	0.445^{**}	0.403^{**}	0.468
	（0.170）	（0.176）	（0.176）
CPI	-0.076^{***}	-0.080^{**}	-0.089^{***}
	（0.017）	（-0.019）	（0.019）
LTD	-0.004	-0.003	-0.003^{*}
	（0.002）	（0.002）	（0.002）
G_M_2	0.070^{***}	0.078^{**}	0.090^{***}
	（0.011）	（0.012）	（0.013）
常数项	-0.165	1.312	-1.303
	（2.229）	（2.322）	（2.467）
个体固定效应	Yes	Yes	Yes
年份固定效应	Yes	Yes	Yes
样本量	359	357	353
R^2	0.597	0.586	0.602
adj. R^2	0.501	0.485	0.505

t statistics in parentheses　$^{*}p < 0.10$，$^{**}p < 0.05$，$^{***}p < 0.01$

（三）工具变量法

针对商业银行数字化转型可能存在的样本选择偏差问题，本节参考赵璨和余明桂的研究方法，采用中国互联网普及率、商业银行所在省份普惠金融数字化程度及文本挖掘法构建的商业银行数字化转型指数作为工具变量，使用两阶段最小二乘法进行检验。工具变量依据为：一方面，商业银行所在地区互联网普及率越高，商业银行通过数字技术可获取的信息就越多，同时互联网普及率与银行经营效益没有直接关系，具有一定的外生性。另一方面，商业银行总部所在省份的普惠服务数字化水平越高，商业银行数字化转型水平可能越高。另外，文本挖掘法构建的数字化转型指数与北京大学商业银行数字化转型指数存在高度关联性，与银行经营效益不存在直接关系。

工具变量检验结果如表 4-6 所示。绿色信贷余额对商业银行经营效益的影响仍然显著为负，数字化转型对商业银行经营效益的影响仍然显著为正，数字化转型对绿色信贷和商业银行经营绩效的调节效应显著为正，与表 4-3 的结果一致。同时，从工具变量检验结果中可以发现，新的估计系数均大于表 4-3 中的回归结果。这一结果也表明，潜在的内生性问题在一定程度上低估了数字化转型对商业银行绿色金融经营效益的调节作用。过度识别检验结果如表 4-7 所示。同时，表 4-7 显示 Sargan 统计检验结果为不显著，无法拒绝所有变量都是外生变量的原假设，说明选取的工具变量有效。

表 4-6　工具变量检验结果

变量	(1) ROA
lnGreen	−0.187***
	(0.067)
DT	0.523**
	(0.386)
$C\_lnGreen×DT$	0.073**
	(0.056)
lnloan	0.823**
	(0.377)
LTD	−0.003
	(0.002)
CAR	0.009
	(0.012)

续表

变量	(1) ROA
lnincome	0.061
	(0.046)
LNEX	0.056
	(0.052)
Lnasset	0.303
	(0.263)
CPI	−0.356***
	(0.088)
G_M_2	0.367***
	(0.083)
常数项	17.802**
	(7.468)
个体固定效应	Yes
年份固定效应	Yes

t statistics in parentheses $^{*}p < 0.15$, $^{**}p < 0.10$, $^{***}p < 0.05$

表4-7　过度识别检验结果

Sargan statistic (overidentification test of all instruments):	2.319
Chi-sq(3)	P-val = 0.3136

三、稳健性检验

(一)逐步检验法

采用逐步检验法检验研究结果的稳健性。该方法通过逐步加入核心解释变量和调节变量依次检验核心解释变量对被解释变量的解释力度是否发生改变，求得四次回归结果的 $adj.R^2$；在保证解释变量与调节变量的显著性的情况下，通过对比四个 $adj.R^2$，来检验每次模型添加变量后是否增强了自变量对因变量的解释力度。

本研究采用双重固定效应模型，依次在基础模型中采用(1)控制变量(2)控制变量、核心解释变量(绿色信贷余额)(3)控制变量、核心解释变量(绿色信贷余额)、调节变量(数字化转型水平)(4)控制变量、核心解释变量(绿色信贷余额）、调节变量（数字化转型水平）及交互项进行实证检验，得到回归结果，逐步回归检验结果如表 4-8 所示。同时，对比四次回归的 adj.R^2，判断回归结果的稳健性。

表 4-8 显示依次加入解释变量后（1）、（2）、（3）、（4）的 adj.R^2 逐渐增加，且数字化转型对绿色信贷和商业银行经营绩效的调节效应仍显著为正，证明检验结果具有稳健性。

表 4-8 逐步回归检验结果

变量	(1) ROA	(2) ROA	(3) ROA	(4) ROA
lnGreen		−0.071**	−0.080**	−0.074**
		(0.031)	(0.031)	(0.031)
DT			0.082*	0.079*
			(0.045)	(0.045)
C_lnGreen×DT				0.058**
				(0.027)
lnloan	0.154	0.218	0.254	0.384
	(0.203)	(0.204)	(0.214)	(0.221)
LTD	−0.001	−0.002	−0.002	−0.002
	(0.001)	(0.001)	(0.001)	(0.001)
CAR	0.018**	0.021***	0.019**	0.015*
	(0.007)	(0.008)	(0.008)	(0.008)
lnincome	0.102***	0.104***	0.098***	0.101***
	(0.026)	(0.026)	(0.026)	(0.026)
LNEX	0.011	0.019	0.024	0.026
	(0.033)	(0.033)	(0.034)	(0.033)
lnasset	0.327**	0.372**	0.373**	0.396**
	(0.156)	(0.157)	(0.163)	(0.162)
CPI	−0.072***	−0.076***	−0.084***	−0.089***
	(0.017)	(0.017)	(0.019)	(0.019)
G_M2	0.070***	0.071***	0.081***	0.092***
	(0.011)	(0.011)	(0.012)	(0.013)
常数项	0.075	−0.820	−0.638	−2.166
	(2.142)	(2.178)	(2.301)	(2.386)
个体固定效应	Yes	Yes	Yes	Yes
年份固定效应	Yes	Yes	Yes	Yes
样本量	363	359	353	353

变量	(1) ROA	(2) ROA	(3) ROA	(4) ROA
R^2	0.587	0.595	0.594	0.600
adj. R^2	0.492	0.500	0.495	0.501

t statistics in parentheses $^*p < 0.10$, $^{**}p < 0.05$, $^{***}p < 0.01$

（二）调整样本期

参考李卫兵的做法，通过缩短时间窗口，减少样本量检验实证结果的稳定性。本研究将时间窗口由 2010—2021 年缩短至 2013—2021 年。缩短时间窗口后的回归结果如表 4-9 所示。表 4-9 第（1）列结果显示，绿色信贷余额对商业银行经营效益的影响在 5% 的水平下显著为负；4-9 第（2）列结果显示，数字化转型水平对银行经营效益在 5% 的水平下显著为正。表 4-9 第（3）列结果显示，数字化转型对绿色信贷和商业银行经营效益有正向的调节作用，在10% 的水平下显著为正。本结果与前文检验结果一致，说明在缩短样本窗口期的情况下，回归结果依然稳健。

表 4-9　缩短时间窗口回归结果

变量	(1) ROA	(2) ROA	(3) ROA
lnGreen	−0.071**		−0.076**
	（0.035）		（0.035）
DT		0.098**	0.103**
		（0.049）	（0.034）
C_lnGreen×DT			0.054*
			（1.597）
lnloan	0.255	0.255	0.479
	（0.226）	（0.229）	（0.247）
LTD	−0.001	−0.001	−0.002
	（0.001）	（0.001）	（0.001）
CAR	0.017*	0.014*	0.014*
	（0.008）	（0.008）	（0.008）
lnincome	0.112**	0.102***	0.106***
	（0.026）	（0.026）	（0.026）
LNEX	0.019	0.015	0.028

续表

变量	(1) ROA	(2) ROA	(3) ROA
	(0.033)	(0.033)	(0.033)
lnasset	0.521**	0.511**	0.491**
	(0.169)	(0.171)	(0.172)
CPI	−0.177***	−0.198***	−0.218***
	(0.024)	(0.027)	(0.029)
G_M_2	0.179***	0.205***	0.227***
	(0.023)	(0.026)	(0.029)
常数项	6.086***	8.542***	7.207***
	(2.150)	(2.253)	(2.312)
个体固定效应	Yes	Yes	Yes
年份固定效应	Yes	Yes	Yes
样本量	310	311	307
R^2	0.816	0.816	0.822
adj. R^2	0.767	0.766	0.772

t statistics in parentheses $^*p < 0.10$，$^{**}p < 0.05$，$^{***}p < 0.01$

第四节　作用机制

前述实证验证了数字化转型对商业银行绿色信贷和经营效益影响的正向调节效应。为更好地理解数字化转型通过何种渠道发挥效应，本节做进一步的机制分析。

检验信息化机制。理论分析认为，商业银行数字化转型主要是通过信息化机制降低绿色信贷的识别成本和交易成本，从而提升银行盈利能力。当前，利率市场化加剧了银行业竞争，商业银行贷款利率持续下滑，贷款业务收益与预期水平基本保持一致。同时，随着绿色信贷规模占贷款总额比重快速上升，进一步压低了商业银行信贷收益。随着商业银行加快数字化转型，我国银行绿色信贷成本不断下降，盈利能力不断提升。净息差（NIM）代表银行净利息收入与总生息资产的比值，可以更好地反映商业银行在绿色信贷规模不断扩大的情况下，银行每单位贷款的收益水平，可以用于检验数字化转型通过提升绿色信贷盈利水平，提升商业银行经营效益的影响机制。

检验风险承担机制。理论分析认为，商业银行数字化转型通过缓解信贷流程中的信息不对称，可以降低银行不良贷款规模，改善信贷资产质量，提升银行风险承担能力和盈利能力。信贷资产作为商业银行的主要资产，不良贷款率（NPL）可以充分体现商业银行贷款资产质量，反映银行的信贷风险水平。不良贷款率（NPL）为次级类贷款、可疑类贷款和损失类贷款三者之和占贷款总额的比重，适用于检验数字化转型改善绿色信贷资产质量，提升商业银行风险承担能力的机制。

检验长尾效应机制。理论分析认为，数字化转型赋能绿色信贷，可以通过缓解信息不对称，提升对客户的精准分析能力，满足客户差异化需求，提升银行经营效益。由于零售客户的可得信息较少，导致商业银行对零售客户评级较低，难以通过信贷业务的准入审查。这种情况在绿色信贷业务中更为普遍，由于个人或小微企业缺少可信的关键信息。导致商业银行倾向于为大中型公司或金融机构提供绿色资金支持，而较少服务个人或者小微企业，致使我国当前的绿色金融"惠"而不"普"。随着绿色信贷在贷款总额中的占比逐渐升高，可以利用商业银行零售客户数量（Retail）检验数字化转型是否可以通过扩大绿色信贷服务群体，提升银行经营效益。其中，为使回归结果更为直观，采用单位为百万的零售客户数量进行回归。

此处参考刘金科和肖翊阳的检验方法，使用绿色信贷余额、数字化转型水平及二者的交互项对被解释变量直接回归，在同时控制商业银行个体效应和时间效应的情况下，得到表4-10的回归结果。表4-10第（1）列、第（2）列、第（3）列的结果均显示数字化转型和绿色信贷余额的交互项对被解释变量的影响显著，且与理论分析得到的结果一致。

表4-10第（1）列结果显示，数字化转型对绿色信贷余额和净息差的影响在1%的水平下显著为正，交互项每上升一个单位银行净息差增加0.197%。表4-10第（2）列结果显示，数字化转型对绿色信贷和商业银行不良信贷率的影响在5%的水平下显著为正，交互项每上升一个单位商业银行不良信贷率降低0.108%。表4-10第（3）列结果显示，数字化转型对绿色信贷余额和商业银行零售客户数量的影响在1%的水平下显著为正，交互项每上升一个单位水平商业银行零售客户体量增加万分之一的0.485。

表 4-10　数字技术调节作用的机制检验

变量	(1) NIM	(2) NPL	(3) Retail
lnGreen	-0.001	-0.107	17.259*
	(0.057)	(0.066)	(10.242)
DT	0.118	-0.146	-23.970
	(0.094)	(0.110)	(14.720)
C_lnGreen×DT	0.197***	-0.108**	48.520***
	(0.046)	(0.053)	(7.639)
常数项	2.683***	1.111***	-11.004
	(0.138)	(0.160)	(21.985)
个体固定效应	Yes	Yes	Yes
年份固定效应	Yes	Yes	Yes
样本量	359	360	97
R^2	0.720	0.699	0.989
adj. R^2	0.6570	0.6311	0.9841

t statistics in parentheses　*$p < 0.10$，**$p < 0.05$，***$p < 0.01$

第五节　门槛效应分析

我国部分学者研究发现数字化转型对商业银行绿色金融经营效益存在非线性影响和异质性影响。受以上研究结论启发，本节利用门槛效应探索数字化转型水平对国有商业银行和非国有商业银行绿色信贷余额和经营效益的调节效应。根据边际成本递减理论，商业银行绿色信贷达到一定规模时，数字技术投入作为沉没成本会出现边际递减的情况，特别是当数字化投入达到特定水平时，数字化转型对绿色信贷余额和商业银行经营效益的调节效应可能显著增强。据此，提出数字化转型对绿色信贷余额和商业银行经营效益的影响可能存在门槛效应。

国有商业银行门槛效应检验结果如表 4-11 所示。国有商业银行单门槛效应如表 4-12 所示。非国有商业银行门槛效应检验结果如表 4-13 所示。非国有商业银行影响两门槛边界如表 4-14 所示。检验结果显示，国有商业银行和非国有商业银行均存在单门槛效应。表 4-11 和表 4-13 显示，国有商业银

行与非国有商业银行的数字化转型调节效应均在 10%的水平下显著。表 4-12
和表 4-14 显示，国有商业银行数字化转型水平在达到门槛值 49.645 后，会进
一步增强对绿色信贷余额和银行经营效益的正向影响，而非国有银行的门槛
值为 159.002，高于国有银行门槛值。

对此结论，可能的原因有两点：第一，国有商业银行绿色金融规模大于
非国有商业银行，相同水平下数字化转型对国有银行经营效益的影响更为显
著。国有商业银行的主要股东为政府机关，具有良好的社会信誉，在发展绿
色金融时更容易吸引环保投资者，形成规模优势。相比之下，非国有商业银
行缺少国有性质的背书，在发展绿色金融时面临更大的挑战，绿色金融规模
自然不及国有商业银行。在国有商业银行和非国有商业银行数字化转型水平
相同的情况下，数字化转型对非国有商业银行的经营效益影响可能并不显
著，非国有银行需要达到更高的数字化转型水平才能发挥调节效应。第二，
国有商业银行与非国有商业银行的社会属性不同，所以相同的数字化转型水
平对银行经营效益的影响不同。国有商业银行肩负着发展绿色金融的社会责
任，而非国有商业银行首要任务是满足其盈利性目标，由于二者的经营理念
和社会属性的不同，导致数字化转型的调节作用可能不同。

表 4-11　国有商业银行门槛效应检验结果

Threshold effect test (bootstrap = 300):				
Threshold	RSS	MSE	Fstat	Prob
Singe	0.09	0.0028	11.48	0.097

表 4-12　国有商业银行单门槛效应

model	Threshold	Lower	Upper
Th-1	49.6035	47.2082	49.645

表 4-13　非国有商业银行门槛效应检验结果

Threshold effect test (bootstrap = 300):				
Threshold	RSS	MSE	Fstat	Prob
Singe	0.5792	0.0083	9.33	0.053

表 4-14 非国有商业银行影响两门槛边界

model	Threshold	Lower	Upper
Th-1	158.4625	155.8013	159.002

国有商业银行（左）非国有商业银行（右）LR 检验图如图 4-2 所示。图 4-2 更直观地显示了两类商业银行的单门槛效应，图 4-2 中横轴为门限变量，纵轴为 LR 值，虚线为 95%显著性参考线，曲线落入参考线以下证明门槛效应显著存在。

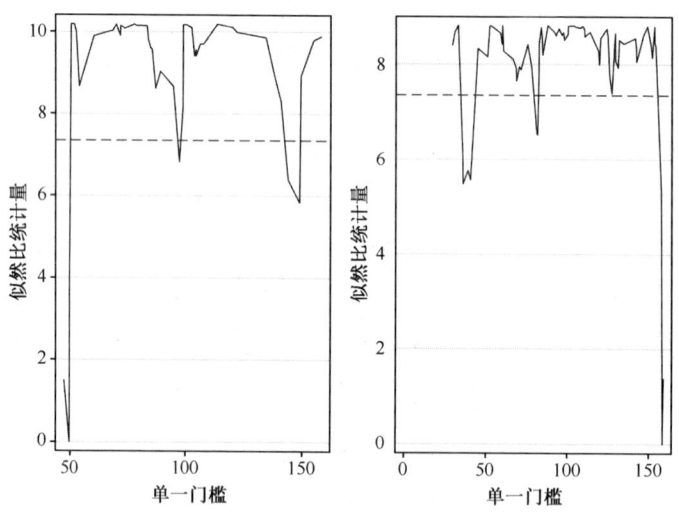

图 4-2 国有银行（左）非国有银行（右）LR 检验图

本章实证检验了数字化转型对商业银行绿色金融经营效益的影响。研究发现：第一，绿色信贷余额对商业银行经营效益影响显著为负；第二，数字化转型对商业银行经营效益的影响显著为正；第三，数字化转型对商业银行绿色金融经营效益的影响为正，验证了数字化转型对绿色信贷余额和银行经营效益的调节效应；第四，验证了数字化转型可以通过信息化机制、风险承担机制和长尾效应机制发挥调节作用。本章探索了数字化转型对商业银行绿色金融经营效益的影响由负变正的过程，论证了数字化转型推动绿色金融发展的可行性，解决了商业银行发展绿色金融缺乏持续动力的问题。

第五章

绿色金融对商业银行长期经营
效率影响的实证分析

第一节　场景设定与研究假设

一、绿色金融与商业银行经营效率

商业银行经营效率主要指商业银行的投入产出效率，用于衡量商业银行的金融资源配置水平，经营效率可以体现出银行市场竞争能力、投入产出能力和可持续发展能力。目前的研究结果认为，绿色金融对商业银行投入产出效率的影响具有两面性。一方面，以绿色信贷业务为代表的绿色金融业务可以为商业银行提供长期稳定的现金流，在特定投入下保证商业银行的稳定产出，对银行经营效率具有正向影响。廖筠选取我国 10 家商业银行2008—2017年的财务数据，利用 VAR 模型检验发现绿色信贷对银行经营效率具有显著的促进作用。郭柯娜选取我国 14 家上市商业银行 2009—2017 年的数据，研究发现绿色信贷水平对银行经营效率具有显著的正向影响。唐娟娟研究发现随着绿色信贷规模的迅速增长，绿色信贷经营效率逐渐高于银行整体经营效率。

另一方面，由于绿色金融业务信息不对称的问题，商业银行需要借助第三方数据库或额外的人力资源准确识别客户风险，增加了绿色金融的交易成本，对银行经营效率产生负面影响。高彤研究发现绿色信贷余额占贷款总额的比重的提升会降低商业银行综合技术效率。张文中和窦瑞研究发现短期内绿色信贷余额对银行经营效率的影响显著为负。基于此，本书提出研究假设 5-1。

研究假设 5-1a：绿色金融对商业银行经营效率有积极影响。

研究假设 5-1b：绿色金融对商业银行经营效率有积极影响。

二、数字化转型与商业银行经营效率

当前我国银行业数字化转型进入了高速发展时期，数字技术对商业银行的经营模式产生了深远的影响。数字技术从根本上提升了商业银行对数据要素的处理能力，可以缓解信息不对称问题，促进金融资源的合理分配。从决策层面来看，商业银行借助数字技术可以扩大信息收集范围和提升数据分析准度，大大改善了商业银行的决策效率。从执行层面来看，商业银行借助数字技术可以建立线上应用平台和自动化的审批流程，提升商业银行的执行效率。Bons 和 Hoehle 认为，数字技术可以重塑商业银行传统的服务渠道，提升经营效率，加快商业银行业务转型。从风险管理层面来看，数字技术可以解决信息孤岛问题，帮助商业银行获取更多有效数据，对客户行为和资金流向实施动态跟踪和实时预警，提升风险管理效率。从宏观角度来看，数字技术支撑下的互联网金融破除了金融机构之间的壁垒，提升了整个商业银行业的经营效率。Acharya 和 Albert 认为行业竞争迫使商业银行采用数字技术提升自身的经营效率。杨望认为通过技术溢出机制，提高了商业银行经营效率。基于此，本书提出研究假设 5-2。

研究假设 5-2：数字化转型对商业银行经营效率有积极影响。

三、数字化转型与商业银行绿色金融效率

商业银行借助数字技术可以提升绿色金融业务审批效率，通过引导资本流入绿色产业，提升金融资源的配置效率，改善银行的全要素生产率。数字技术可以发挥信息化机制，提升业务审批效率，增强金融服务能力。商业银行通过大数据和人工智能等数字技术可以加强对关键信息的捕捉，提升信息获取能力和信息分析能力，降低信息不对称所导致的决策滞后，增强商业银行对绿色金融业务的处理效率和处理能力。同时，线上流程平台可以进一步释放商业银行生产力，劳动力和资本等生产要素不再受到地理限制，资金可以通过线上平台流向绿色产业。以湖州银行的实践成果为例，数字技术可以有效提升绿色识别效率、增强绿色管理能力，帮助银行更准确地识别环境风险、更高效地提供差异化服务，降低信贷风险。数字技术可以发挥规模效应机制，扩大商业银行绿色金融业务规模，降低边际成本，提升银行全要素生产率。第一，商业银行能够利用电子商务平台、移动支付等方式扩大绿色金融业务受众群体，解决地理限制导致的市场分割问题。第二，商业银行借助人工智能可以实现对客户的精准营销，通过数字化生态系统满足不同年龄段的客户需求，进一步提升绿色金融服务的覆盖范围。基于此，本书提出研究假设 5-3。

研究假设 5-3：数字化转型对商业银行绿色金融经营效率有积极的调节作用。

第二节 研究设计

一、构建中介效应模型

本研究使用中介效应模型来检验数字化转型赋能绿色金融对商业银行全要素生产率的影响，以及数字化转型通过绿色金融中介变量对银行全要素生产率的间接影响。从长期来看，绿色金融业务是商业银行的内生变量，采用中介效应可以更直观地检验数字化转型是否能通过推动绿色金融发展，提升商业银行经营效率。中介效应模型在分析方法和实证结果上都好于单纯分析核心解释变量对被解释变量影响的同类研究。

借鉴温忠麟 2004 年发表的"中介效应检验程序及其应用"中的方法，本研究的中介效应模型采用"逐步检验法"进行检验。Fritz 和 MacKinnon 认为，采用逐步检验法的检验效力较低，难以检验出较弱的中介效应。对于此类观点，温忠麟和叶宝娟认为，即便逐步检验法的检验效力较低，如果研究者可以使用该方法得到显著结果，则可以说明中介效应的回归结果显著，足以反映研究结论的有效性。

检验中介效应的步骤如图 5-1 所示。第一步，检验数字化转型是否能够显著提升商业银行全要素生产率（c）；第二步，检验数字化转型是否能够显著推动商业银行绿色金融发展（a）；第三步，检验数字化转型能否通过绿色金融中介变量间接影响商业银行全要素生产率（c'）。在执行三步法之前，加入绿色金融对商业银行全要素生产率的实证研究，使后续检验结果具有可比性。

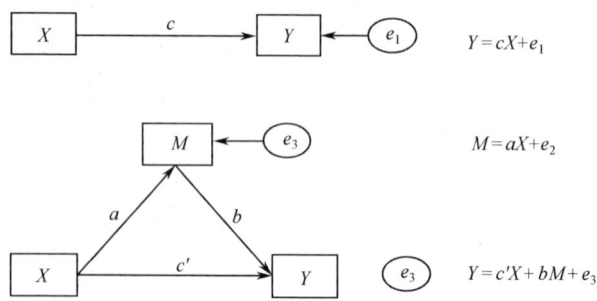

图 5-1 检验中介效应的步骤

绿色金融中介效应如图 5-2。

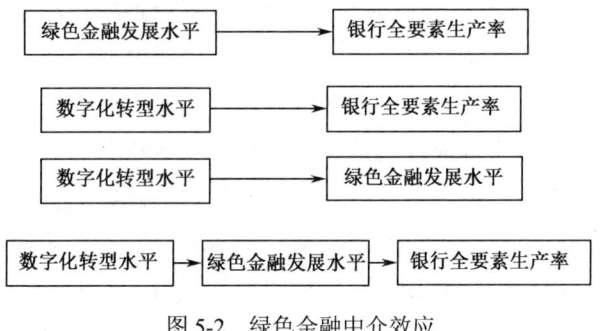

图 5-2　绿色金融中介效应

根据检验步骤设置以下四个模型：

$$\text{TFP}_{i,t} = \rho_0 + \rho_1 \text{PB}\_E_{i,t} + \rho_2 \text{Controls}_{i,t} + \varepsilon_{i,t} \tag{5-1}$$

$$\text{TFP}_{i,t} = c_0 + c_1 \text{DT}_{i,t} + c_2 \text{Controls}_{i,t} + \sigma_{i,t} \tag{5-2}$$

$$\text{PB}\_E_{i,t} = a_0 + a_1 \text{DT}_{i,t} + a_2 \text{Controls}_{i,t} + \varphi_{i,t} \tag{5-3}$$

$$\text{TFP}_{i,t} = b_0 + c_1' \text{DT}_{i,t} + b_1 \text{PB}\_E_{i,t} + b_2 \text{Controls}_{i,t} + \epsilon_{i,t} \tag{5-4}$$

式（5-1）用于检验绿色金融对商业银行经营效率的影响。其中，被解释变量 $\text{TFP}_{i,t}$ 为商业银行 i 在第 t 年的全要素生产率；解释变量 $\text{PB}\_E_{i,t}$ 为商业银行 i 在第 t 年的绿色金融发展水平，采用彭博 ESG 环境评分代表银行绿色金融发展水平；$\text{Controls}_{i,t}$ 表示与银行经营相关的其他控制变量，包括商业银行总资产收益率（ROA）、商业银行资本充足率（CAR）、商业银行净息差（NIM）、我国数字经济发展水平（DE）、我国经济开放程度（IE）、商业银行所属省份 GDP(lnGDP)、广义货币增速（G_M_2）及商业银行性质（TYPE）；$\varepsilon_{i,1}$ 表示均值为零的误差项。式（5-2）用于检验数字化转型水平对商业银行经营效率的影响。其中，中被解释变量 $\text{TFP}_{i,t}$ 为商业银行 i 在第 t 年的全要素生产率；解释变量 $\text{DT}_{i,t}$ 为商业银行 i 在第 t 年的数字化转型水平；控制变量与式（5-1）中相同，$\sigma_{i,t}$ 为随机扰动项，其他不做赘述。式（5-3）用于检验数字化转型水平对商业银行绿色金融发展的影响。其中，被解释变量为商业银行绿色金融发展水平；解释变量为商业银行数字化转型水平；其他变量与式（5-1）相同。式（5-4）用于检验数字化转型水平赋能绿色金融对商业银行经营效率的影响。其中，被解释变量为商业银行全要素生产率；解释变量为绿色金融发展水平和银行数字化转型水平；其他控制变量与式（5-1）相同。

目前，学术界关于中介效应模型是否适用于经济学研究存在较大的争议。争议的原因主要在于，部分学者认为中介效应模型统计检验功效较低且估计可能存在偏误。江艇认为中介效应低统计功效来源于两个方面：一是核心解释变量和中介变量同时作为解释变量时可能导致多重共线性问题，增加了系数估计的标准误，降低了显著性水平；二是中介变量和被解释变量均可能存在测量误差，可能会降低统计功效。Robins 和 Rubin 认为，中介效应可能会产生有偏的估计。以本节的研究为例，式（5-4）在式（5-2）的基础上加入中介变量后，可能导致两个公式的误差项 $\sigma_{i,t}$ 和 $\epsilon_{i,t}$ 存在相关性。如果抽样结果没有发生变化，式（5-4）绿色金融发展水平 $PB\_E_{i,t}$ 的回归系数 b_1 会增大，数字化转型的回归系数 c' 变小，从而使回归估计有偏。

整体而言，上述问题对本研究的研究结论不会造成实质性的影响。第一，多重共线性问题会降低统计显著性，而本研究的研究目的在于，探索数字化转型是否可以对商业银行绿色金融经营效率产生积极影响，如果回归结果显著则证明本研究克服了多重共线性问题，便证明了中介效应的存在。第二，中介变量和解释变量可能存在测量误差，本章选择的研究对象为我国大型上市银行，市场占有率较高，具有较强的代表性，可以克服测量误差，较为客观地反映数字化转型、绿色金融与银行经营效率的实际情况。

二、变量说明

被解释变量：本研究为探索数字化转型是否可以通过推动绿色金融发展提升商业银行全要素生产率，利用 DEA-Malmquist 指数测算银行全要素生产率的变化率，并将其作为银行的成本效率指标。目前，关于全要素生产率的主要测算方式包括参数 SFA 模型法（随机前沿分析法，Stochastic Frontier Analysis，SFA）和非参数 DEA 模型法（数据包络分析，Data Envelopment Analysis，DEA）。与参数 SFA 模型法相比，非参数 DEA 模型法不依赖生产函数和样本量纲，可以避免较强的理论约束，得到较稳健的测算结果。

DEA 模型的测算思路主要基于生产过程中涉及的投入和产出，模型将产出效率较高的数值作为最佳产出边界，并最佳产出边界上的个体产出效率赋值为 1，通过计算个体商业银行产出效率到生产前沿面的距离进而获得投入产出比。同时，非参数 DEA 模型包含综合效率模型和纯技术效率模型两个子模型，综合技术效率=纯技术效率×规模效率。DEA 模型通过与 Malmquist 指数测算相结合可以测算出相邻年份全要素生产率的变化率。

本书参考已有研究的做法，采用 DEA 模型的 Malmquist 指数方法测算商业银行全要素生产率，利用 2010—2020 年平衡面板数据，将 16 家商业银行资产总额和营业支出作为投入指标，以贷款总额和税前利润（不良贷款率的影响已作为减值损失和经营成本从税前利润中扣除）作为产出指标，测算得到全要素生产率变化率。16 家上市银行包括 5 家大型国有商业银行（工商银行、建设银行、中国银行、农业银行、交通银行）、8 家股份制银行（招商银行、兴业银行、平安银行、中信银行、华夏银行、浦发银行、光大银行、民生银行）和 3 家城市商业银行（北京银行、上海银行、宁波银行）。我国 16 家上市商业银行 DEA-Maimqist 指数测算结果如表 5-1 所示。

表 5-1 我国 16 家上市商业银行 DEA-Maimqist 指数测算结果

年份	国有商业银行	股份制银行	城市商业银行	行业均值
2011—2012	1.06	1.12	1.12	1.1
2012—2013	1.04	0.98	1.04	1.01
2013—2014	1.01	1.03	1.02	1.02
2014—2015	1.07	1.03	0.98	1.03
2015—2016	1.09	1.06	1.03	1.07
2016—2017	1.07	1.05	1.06	1.06
2017—2018	1.24	1.39	1.07	1.28
2018—2019	1.18	1.14	1.18	1.16
2019—2020	1.1	1.11	1.07	1.11
均值	1.096	1.101	1.063	1.093

由表 5-1 可知，16 家商业银行的 DEA-Malmquist 指数在 2010 年至 2020 年的均值均大于 1，说明我国商业银行业的全要素生产率逐年增长。基于商业银行所有制层面来看，国有商业银行经营效率变化值的平均数为 1.096，股份制商业银行经营效率变化值的平均数为 1.101，城市商业银行经营效率变化值的平均数为 1.063。从整体上看，股份制商业银行的经营效率增速高于国有商业银行和城市商业银行，这与当前我国商业银行业实际情况相吻合。

核心解释变量：商业银行数字化转型水平采用的是北京大学中国商业银

行数字化转型指数。

中介变量：参考安国俊的做法采用 ESG 环境评分代表商业银行绿色金融发展水平。由于彭博 ESG 评级未涵盖上海银行评分，故在实证回归时剔除上海银行的相关数据，对 15 家商业银行数据进行回归检验。

控制变量：本书在选取控制变量时，参考已有研究的做法从宏观角度选取其他可能影响基准结果的变量。具体而言，为衡量商业银行将总资产作为生产要素时的盈利能力，引入 ROA（商业银行总资产收益率）。为衡量商业银行风险承担能力，引入 CAR（商业银行资本充足率）。为衡量商业银行信贷业务的经营能力，引入 NIM（净息差）。为衡量我国数字经济发展水平，引入 DE（数字经济占 GDP 比重）。为衡量我国经济开放程度，引入 IE（进出口总额占 GDP 比重）。为衡量商业银行所属地区经济发展，引入 lnGDP（商业银行所属省份 GDP 自然对数）。为衡量我国货币增速，引入 G_M_2（广义货币增速）。为衡量国有商业银行、股份制商业银行和城市商业银行不同的性质差异，引入 TYPE（三类银行的虚拟变量）。

表 5-2　变量详细信息

类别	变量名称	缩写	定义
被解释变量	全要素生产率	TFP	投入产出效率
解释变量	数字化转型水平	DT	商业银行数字化转型程度
中介变量	彭博 ESG 环境评分	PB_E	商业银行绿色金融发展水平
控制变量	总资产收益率	ROA	净利润/平均总资产（%）
	资本充足率	CAR	加权风险资产/总资产（%）
	净息差	NIM	银行利息净收入/生息资产
	数字经济发展水平	DE	数字经济占 GDP 比重（%）
	第三产业发展水平	TGDP	第三产业占 GDP 比重（%）
	经济开放程度	IE	进出口总额占 GDP 比重（%）
	银行所属省份 GDP	lnGDP	银行所属省份 GDP 自然对数
	广义货币增速	G_M_2	广义货币增长速度（%）
	银行性质虚拟变量	TYPE	国有银行、股份制银行、城市商业银行

三、数据来源和描述性统计分析

本研究采用 DEA-Malmquist 指数法测量被解释变量商业银行全要素生产率，数据来源于 Wind 数据库和 ORBIS Bank Focus 数据库；核心解释变量数字化转型水平采用北京大学"中国商业银行数字化转型指数";中介变量彭博 ESG 环境评分数据来源于彭博终端软件;其他控制变量数据均来自于国泰安数据库。

不失一般性地,本研究对样本数据进行如下处理:首先,根据彭博 ESG 指数环境评分剔除未披露相关绿色信息的商业银行。其次,剔除数据存在严重缺失的样本。最后,对连续变量进行双侧1%的缩尾处理。经过以上处理,最终得到 2011—2020 年 15 家商业银行的 150 组观测值。

筛选得到的 15 家商业银行在原定的 16 家商业银行基础上剔除了上海银行,原因是彭博 ESG 指数无法对上海银行进行打分。为保证数据的一致性,对式(5-2)、式(5-3)和式(5-4)的实证分析采用 15 家商业银行的相关数据进行实证分析。同时,为提升检验结果的可靠性,式(5-1)中不涉及彭博 ESG 环境分项评分,在实证检验时采用 16 家商业银行 2011—2020 年的 160 组观测值进行检验。

本研究样本的周期较强,由于我国商业银行在绿色信息披露方面的启步时间较晚,彭博 ESG 指数仅能对我国部分商业银行进行环境评分。以 MSCI ESG 指数为代表的其他评级机构面临更为严重的数据缺失问题,无法找到类似的替代数据。

目前,缺少商业银行绿色金融数据已成为学术研究中遇到的共性问题。宋清华和周学琴在研究商业银行绿色金融与社会责任时,采用了 175 组样本进行相关研究;邓翔在研究商业银行绿色金融与经营绩效时,采用了 295 组样本;孙红梅和姚书淇在研究绿色金融对商业银行经营效益的影响时,使用了 16 家商业银行 2010—2018 年的绿色金融数据;张长江和张玥在研究商业银行绿色信贷余额对商业银行经营效益的影响时,采用了 16 家上市商业银行 2008—2017 年的历史数据研究。

相关变量的统计性描述如表 5-3 所示,商业银行全要素生产率 TFP,标准差为 0.138,说明上市商业银行经营效率总体差异不大,最大值为 1.552,最小值为 0.822,最大值约为最小值的 2 倍,说明商业银行收入水平存在着明显的分层。从商业银行数字化转型水平 DT 来看,均值为 94.571,标准差为 40.039,说明各家银行数字化转型水平存在较大差异。从商业银行绿色金融发展水平 PB_E 来看,均值为 15.643,标准差为 9.341,说明各家商业银行绿色金融发展水平存在一定的差异。从控制变量看,样本期间商业银行平均资产收益率为 1%，商业银行平均资本充足率为 13.017%，商业银行平均净息差水平为 2.313%，我国数字化经济平均发展水平为 6.85%，我国经济开放程度平均水平为 37.7%，商业银行银行所属地区 GDP 平均水平为 4.438，广义货币平均增速为 11.694%。

表 5-3 相关变量统计性描述

变量	观测	均值	标准差	最小值	25%分位数	中位数	75%分位数	最大值
TFP	160	1.103	0.138	0.822	1.021	1.079	1.151	1.553
DT	150	15.643	9.341	2.679	61.000	93.830	124.505	39.286
PB_E	160	94.571	40.039	17.000	9.821	13.393	17.857	173.99
ROA	160	0.010	0.002	0.005	0.009	0.010	0.012	0.015
CAR	160	13.017	1.668	9.900	11.74	12.840	14.050	17.520
NIM	160	2.313	0.379	1.500	2.025	2.300	2.585	3.230
DE	160	6.850	1.755	2.350	6.750	6.995	7.770	9.550
IE	160	0.377	0.060	0.318	32.608	34.531	43.539	0.484
lnGDP	160	11.694	2.786	8.174	4.297	4.409	4.549	17.323
G_M_2	160	4.438	0.175	4.211	8.944	11.172	13.589	5.032
TYPE	160	1.813	0.728	1.000	1.000	2.000	2,000	3.000

第三节　实证检验和结果分析

一、实证结论

由于筛选后可使用的样本数量不多，为充分研究样本的差异性，保证回归结果的有效性和一致性，本研究参考了张长江和张玥、张辉等、张文中和窦瑞的做法，未在模型中控制个体固定效应和时间固定效应。在研究中采用固定效应模型会牺牲解释变量的一部分变异性，使得有效信息量减少。而本研究的样本容量较小，时间窗口较短，如果采用固定效应模型，难以在回归分析中充分利用样本间的差异性。

本研究通过逐步回归法检验数字化转型对商业银行绿色金融经营效率的影响。根据温忠麟和叶宝娟的中介效应的检验流程，如果式（5-2）中系数 c 显著则代表中介效应成立。如果式（5-3）和式（5-4）中的系数 a 和系数 b 均

显著则间接效应成立。同时，对式（5-4）中的系数 c' 进行检验，如果显著则存在直接效应。最后，比较系数 a 和系数 b 的乘积与系数 c 的是否同为正数或同为负数，如果同号，则存在部分中介效应，可以报告中介效应占总效应的比例为 ab/c。如果异号，则属于遮掩效应，报告间接效应与直接效应的比例的绝对值为 $|ab/c|$。调节效应检验流程如图 5-3 所示。

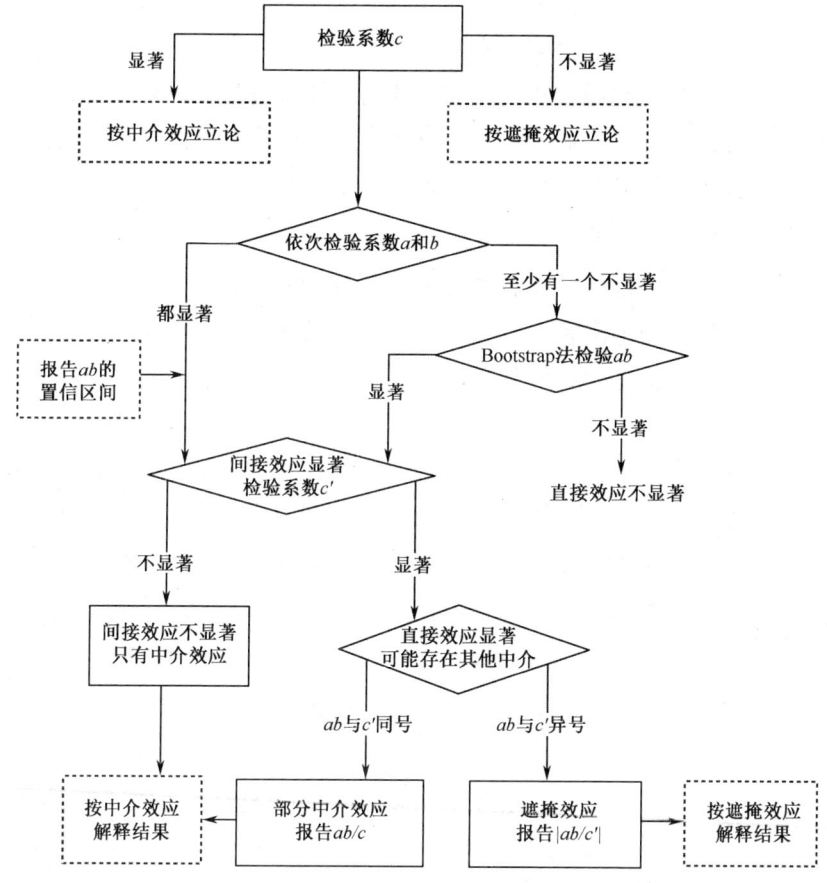

图 5-3　调节效应检验流程

中介效应检验结果如表 5-4 所示。表 5-4 第（1）列为式（5-1）回归结果。结果显示，绿色金融对商业银行全要素生产率的影响在 10% 的水平下显著为正，商业银行绿色金融发展水平每上升一个单位，商业银行全要素生产率增加千分之 3。这一结果与廖筠、郭柯娜和唐娟娟的研究结论一致。对此结论，可能的解释有两点：第一，从成本收益角度分析，绿色金融未来的长期收益折现后大于现期业务成本，同时可以为商业银行带来稳定的现金流。第二，根据环境声誉理论，发展绿色金融可以提升商业银行环境声誉，帮助银行获得更高的社会认可，相同成本下银行获得了更多额外收益，提升了经营效率。综上，绿色金融对商业银行经营效率影响显著为正，研究假设 5-1a成立。

表 5-4 第（2）列为式（5-2）回归结果。结果显示，数字化转型对商业银行全要素生产率的影响在 10%的水平下显著为正，数字化转型水平每提高一个单位水平，商业银行全要素生产率增加千分之 1。这一结论显示，中介效应成立，商业银行发展数字化转型对商业银行经营效率的影响为正。对于这一结论，可能的解释为：商业银行通过数字技术可以提升数据获取能力、提高数据传递速度、提升数据分析能力，提升银行的决策效率和执行效率，推动银行业务自动化、线上化的经营转型。综上，研究假设 5-2 成立。

表 5-4 第（3）列为式（5-3）回归结果。结果显示，数字化转型对商业银行绿色金融发展水平的影响在 15%的水平下显著为正，数字化转型水平每上升一个单位水平，商业银行绿色金融发展水平增加 0.061%。这一研究结论显示，商业银行数字化转型有助于推动绿色金融发展，可能的原因在于商业银行借助数字技术解决了绿色金融的信息不对称问题，提升了对客户的风险分析能力，通过拓宽获客渠道，满足用户差异化需求，扩大了绿色金融业务规模。综上，数字化转型可以推动商业银行绿色金融发展，研究假设 5-3 成立。

表 5-4 第（4）列为式（5-4）回归结果。结果显示，数字化转型对商业银行全要素生产率的影响在 10%的水平下显著为正，表示数字化转型对商业银行全要素生产率的影响存在直接效应；绿色金融对商业银行全要素生产率的影响在 15%的水平下显著为正，表示数字化转型可以通过中介变量绿色金融对银行全要素生产率产生积极影响。可能的原因在于数字化转型重塑了绿色金融业务的审批流程，通过大数据和人工智能实现对客户风险和客户需求的精准分析，推出差异化定价的绿色金融产品，发挥了长尾效应，为商业银行提供了长期稳定的现金流回报。综上，数字化转型对商业银行绿色金融全要素生产率的影响显著为正，研究假设 5-4 成立。

根据表 5-4 第（3）、（4）列结果，可知系数 a 和系数 b 均显著，间接效应成立，数字化转型可以通过推动绿色金融发展提升商业银行全要素生产率。当系数 a 和系数 b 乘积与 c 符号相同时，通过绿色金融发挥的中介效应为 $ab=0.061×0.003=0.183\%$，中介效应占总效应的比例为 $0.183\%/0.001=1.83$。同时 ab 的数值大于 0，与表 5-4 第（2）列结果中数字化转型对商业银行全要素生产率影响的符号相同，证明存在部分中介效应。

表 5-4　中介效应检验结果

变量	（1）	（2）	（3）	（4）
	TFP	TFP	PB_E	TFP
PB_E	0.003**			0.003*
	（0.001）			（0.001）
DT		0.001**	0.061*	0.001**
		（0.001）	（0.039）	（0.001）
ROA	-34.569***	-32.907***	-342.754	-33.732***
	（8.695）	（8.196）	（535.596）	（8.607）
CAR	0.028***	0.028***	0.678	0.028***
	（0.009）	（0.008）	（0.538）	（0.009）
NIM	0.063	0.050	-2.982	0.053
	（0.041）	（0.038）	（2.545）	（0.041）
IE	0.053	0.491	45.988	0.356
	（0.447）	（0.436）	（28.805）	（0.466）
DE	0.037***	0.042***	-0.344	0.046***
	（0.010）	（0.010）	（0.668）	（0.011）
G_M_2	0.004	0.005	-0.686	0.008
	（0.008）	（0.008）	（0.497）	（0.008）
lnGDP	-0.019	-0.023	7.717	-0.060
	（0.093）	（0.084）	（5.804）	（0.094）
TYPE	-0.009	-0.001	-1.911	0.009
	（0.020）	（0.017）	（1.329）	（0.021）
常数项	0.688	0.395	-26.265	0.501
	（0.468）	（0.450）	（29.300）	（0.471）
样本量	150	160	150	150
R^2	0.192	0.187	0.291	0.216
adj. R^2	0.141	0.138	0.245	0.160

Standard errors in parentheses　$*p < 0.15$，$**p < 0.10$，$***p < 0.5$

二、内生性检验

（一）增加解释变量

参考了李春涛的做法，我们在模型中加入更多控制变量降低回归结果的内生性，增加解释变量商业银行托宾 Q 值（Tobinq），增加 Tobin Q 实证结果如表 5-5 所示。数字化转型对商业银行绿色金融全要素生产率的影响显著为正，这一结果与表 5-4 结果一致。

表 5-5　增加 Tobin Q 实证结果

变量	（1）PB_E	（2）TFP
PB_E		0.003**
		（0.001）
DT	0.061*	0.001**
	（0.040）	（0.001）
ROA	−360.643	−28.929**
	（576.436）	（9.194）
CAR	0.674	0.029***
	（0.542）	（0.009）
NIM	−3.036	0.068
	（2.631）	（0.042）
IE	46.292	0.273
	（29.124）	（0.468）
DE	−0.349	0.047***
	（0.672）	（0.011）
G_M_2	−0.682	0.007
	（0.502）	（0.008）
lnGDP	7.803	−0.083
	（5.910）	（0.095）
TYPE	−1.950	0.019
	（1.407）	（0.023）
Tobinq	4.613	−1.237
	（53.694）	（0.855）
常数项	−30.989	1.768**
	（62.350）	（0.994）
样本量	150	150
R^2	0.291	0.228
adj. R^2	0.240	0.166

t statistics in parentheses　*$p<0.15$，**$p<0.10$，***$p<0.05$

（二）基于 IV 的因果中介分析

参考 Dippel 和 Ferrara 提出的工具变量检验法，以降低实证检验中的内生性问题。传统的两阶最小二乘法首先使用工具变量对内生解释变量进行回归，产生内生变量的估计值，再将内生变量的估计值代入模型中进行实证检验。由于中介效应中存在中介变量，Dippel 和 Ferrara 在两阶最小二乘法基础上，允许在以内生解释变量为前提条件下，将中介变量的工具变量带入回归方程中进行检验。

本书借鉴了谢绚丽和余明桂的研究方法，选取中国互联网普及率和非商业银行金融科技普及率中的覆盖广度和使用深度作为数字化转型水平的工具变量。一方面，城市居民的互联网金融使用情况与商业银行全要素生产率没有直接关系，具有一定的外生性。另一方面，商业银行总部所在省份的金融科技服务渗透度越高，商业银行数字化转型水平可能越高。同时，由于工具变量数量大于内生解释变量数量，需要进行过度识别检验。

工具变量检验结果如表 5-6 所示。过度识别检验结果如表 5-7 所示。表 5-6 第（1）、（2）列为使用工具变量法的第二阶段回归结果。结果显示，采用工具变量后，数字化转型对商业银行全要素生产率的影响，以及数字化转型通过绿色金融中介变量对银行全要素生产率的影响都显著为正，这一结果与表 5-4 的结果一致，并且显著性有所提升。表 5-7 为过度识别检验，结果显示 Sargan 检验和 Hansen J 检验结果的 P 值都较大，不存在过度识别问题。

表 5-6　工具变量检验结果

变量	(1) TFP	(2) TFP
PB_E		0.006*
		(0.003)
DT	0.008*	0.007*
	(0.004)	(0.003)
ROA	82.316	86.995*
	(55.267)	(50.596)
CAR	-0.008	-0.027
	(0.038)	(0.037)
NIM	-0.331	-0.322*
	(0.209)	(0.191)

续表

变量	(1) TFP	(2) TFP
IE	0.062	-0.434
	(1.086)	(1.016)
DE	0.063**	0.063**
	(0.025)	(0.023)
G_M_2	0.033*	0.040**
	(0.019)	(0.018)
lnGDP	-0.057	-0.010
	(0.344)	(0.315)
TYPE	0.310**	0.204
	(0.156)	(0.149)
常数项	-0.731	-0.535

t statistics in parentheses $*p < 0.10$, $**p < 0.05$, $***p < 0.01$

表 5-7 过度识别检验结果

Sargan statistic (overidentification test of all instruments):	2.319
Chi-sq(3)	P-val = 0.3136
Hansen J statistic (overidentification test of all instruments):	1.575
Chi-sq(2)	P-val =0.4550

三、稳健性结论

（一）敏感性分析

在完成中介效应检验后还应进行敏感性分析。在因果中介分析中，推断主要依赖的假定是顺序可忽略性假定，如果该假定成立则不存在同时影响中介变量和结果变量的遗漏变量，这表示式（5-3）和式（5-4）干扰项的相关性为 0。敏感性分析主要是检验线性方程中干扰项之间的相关性。敏感性分析结果表如表 5-8 所示。根据表 5-8 结果可知，当干扰项之间的相关性达到为16%时，中介效应会消失。本研究以 5% 为临界点，16% 的结果大于 5%，则中介效应成立。敏感性分析结果图如图 5-4 所示。同时，通过绘制敏感性分析图 5-4，其中纵轴代表中介效应平均值，横纵表示 rho 的敏感度。灰色代表估计的置信区间，灰色面积越少，代表估计越准确。

表 5-8　敏感性分析结果表

Sensitivity results	
Rho at which ACME = 0	0.16

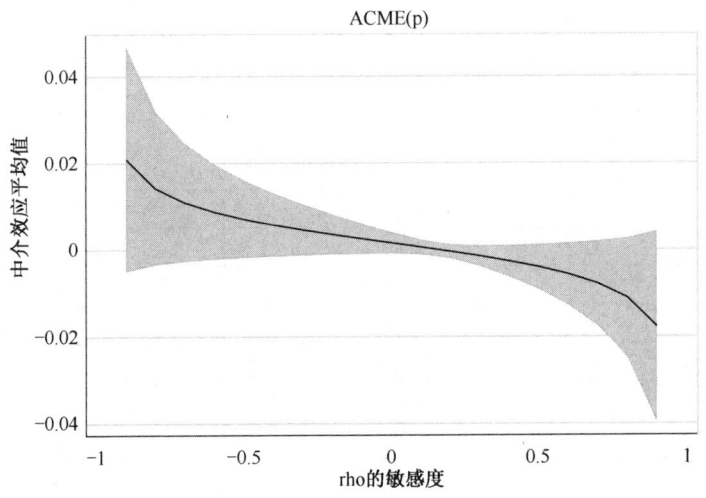

图 5-4　敏感性分析结果图

（二）减少解释变量

在式（5-3）、式（5-4）原控制变量的基础上，删去虚拟变量商业银行性质（TYPE），再次对模型进行实证检验。减少 TYPE 后实证结果如表 5-9 所示。数字化转型通过绿色金融对商业银行全要素生产率的影响仍然显著为正。

表 5-9　减少 TYPE 后实证结果

变量	（1） PB_E	（2） TFP
DT	0.085**	0.001**
	(0.036)	(0.001)
PB_E		0.003*
		(0.001)
ROA	−428.567	−33.366***
	(534.275)	(8.535)
CAR	0.932	0.027***
	(0.510)	(0.008)

变量	（1）	（2）
	PB_E	TFP
NIM	−3.239	0.054
	(2.548)	(0.041)
IE	51.471	0.334
	(28.659)	(0.462)
DE	−0.166	0.045***
	(0.658)	(0.010)
G_M_2	−0.624	0.008
	(0.497)	(0.008)
lnGDP	3.294	−0.039
	(4.941)	(0.079)
常数项	−18.058	0.462
	(−0.626)	(1.004)
N	150	150
R^2	0.280	0.215
adj. R^2	0.239	0.165

t statistics in parentheses $*p < 0.15$，$**p < 0.10$，$***p < 0.05$

第四节 对数字化细分维度的进一步研究

基于上述检验结果，进一步研究数字化细分维度赋能绿色金融对商业银行全要素生产率的影响。戚聿东和蔡呈伟认为商业银行数字化转型可以分为数字化战略（tDT）、数字化业务（bDT）和数字化管理（mDT）三个细分维度。在此，对三类细分数字化转型做进一步研究，将三类数字化转型分别替代式（5-4）中的数字化转型水平，研究三类细分维度的数字化转型对商业银行绿色金融全要素生产率的影响。进一步检验结果如表5-10所示。

表5-10第（1）列为数字化战略和绿色金融对商业银行全要素生产率的影响。绿色金融发展水平和数字化战略对银行全要素生产率在5%的水平下显著为正。产生这一结果的主要原因可能是商业银行实施数字化战略，促进了绿色金融战略目标的落实，数字化战略通过绿色金融这个中介变量提升了商业银行经营效率。

表 5-10 第（2）列为数字化业务和绿色金融对商业银行全要素生产率的影响。数字化业务对银行全要素生产率的影响并不显著。产生这一结果的主要原因可能是商业银行实施数字化业务，对绿色金融经营效率的影响存在两面性。一方面，数字化业务改变了绿色金融业务的经营模式，提升了业务审核效率，对银行绿色金融经营效率有正向影响。另一方面，数字化业务建设要求巨大的财力和人力投入，在一定程度上增加了银行经营负担，降低了经营效率。所以，在正负相反的两种作用下，导致数字化业务对银行经营效率的影响并不显著。

表 5-10 第（3）列为数字化管理和绿色金融对商业银行全要素生产率的影响。绿色金融发展水平和数字化管理对银行全要素生产率分别在 15% 和 5% 的水平下显著为正。可能的原因在于，数字化管理通过改善内部工作流程，推动治理机制、组织形态等各方面的改革，提升了管理层对绿色金融业务的决策效率，扩大了绿色金融的业务规模。

表 5-10 进一步检验结果

变量	（1） TFP	（2） TFP	（3） TFP
PB_E	0.003***	0.003***	0.002*
	(0.001)	(0.001)	(0.001)
tDT	0.000***		
	(0.000)		
bDT		−0.000	
		(0.000)	
mDT			0.001***
			(0.001)
ROA	−32.057***	−32.162***	−31.380***
	(8.777)	(9.181)	(8.626)
CAR	0.025***	0.026***	0.028***
	(0.009)	(0.009)	(0.009)
NIM	0.045	0.065	0.064
	(0.042)	(0.041)	(0.040)
IE	0.117	−0.099	0.231
	(0.447)	(0.484)	(0.445)

	（1）	（2）	（3）
变量	TFP	TFP	TFP
DE	0.042***	0.035***	0.045***
	（0.010）	（0.010）	（0.010）
G_M_2	0.008	0.002	0.005
	（0.008）	（0.008）	（0.008）
lnGDP	−0.072	0.002	−0.016
	（0.098）	（0.096）	（0.091）
TYPE	0.000	−0.018	0.001
	（0.021）	（0.023）	（0.020）
常数项	0.790**	0.753	0.433
	（0.469）	（0.475）	（0.470）
样本量	150	150	150
R^2	0.208	0.196	0.228
adj. R^2	0.151	0.139	0.172

Standard errors in parentheses $*p < 0.15$，$**p < 0.10$，$***p < 0.5$

  表 5-10 第（2）列检验结果显示数字化业务通过绿色金融对商业银行全要素生产率的影响不显著。根据此结论，进一步研究数字化业务对商业银行绿色金融经营效率是否存在非线性影响。本研究将式（5-4）的数字化转型水平替换为数字化业务转型水平，并加入数字化业务平方项，产生式（5-5）。

$$\text{TFP}_{i,t} = b_0 + c_1' m\text{DT}_{i,t}^2 + c_2' m\text{DT}_{i,t}^2 + b_1 \text{PB}\_E_{i,t} + b_2 X_{i,t} + \varepsilon_{i,t} \tag{5-5}$$

  式（5-5）中，被解释变量 $\text{TFP}_{i,t}$ 为商业银行 i 在第 t 年的全要素生产率；解释变量为数字化业务转型水平 $m\text{DT}_{i,t}$，代表商业银行 i 在第 t 年的业务数字化转型水平；$m\text{DT}_{i,t}^2$ 代表商业银行 i 在第 t 年的数字化业务转型水平的平方项。其他控制变量与式（5-4）相同，不做赘述。

  数字化业务非线性关系检验结果如表 5-11 所示。结果显示在加入业务数字化转型水平平方项以后，数字化业务对银行全要素生产率的影响在5%的水平下显著为负，数字化业务转型平方项对银行全要素生产率的影响在 10%的水平下显著为正。形成 U 形特征可能的原因有可能是：商业银行数字化业务初期需要大量的成本投入，并且投入无法立刻转换为产出，数字化业务初期高额的成本降低了银行经营效率。随着业务流程与数字技术融合水平的提升，数字技术对绿色金融业务的作用逐渐显现，进一步扩大了绿色金融业务规模，增加了商业银行收益。同时，随着业务规模的增加，数字技术投入的边际成本递减，增加了商业银行的经营效率。

表 5-11　数字化业务非线性关系检验结果

变量	(1)
	TFP
PB_E	0.003**
	(0.001)
bDT	-0.003**
	(0.001)
bDT^2	0.000*
	(0.000)
ROA	-28.104***
	(9.367)
CAR	0.018*
	(0.010)
NIM	0.059
	(0.041)
IE	-0.231
	(0.485)
DE	0.037***
	(0.010)
G_M_2	0.001
	(0.008)
lnGDP	-0.009
	(0.096)
TYPE	-0.017
	(0.023)
常数项	1.025**
	(0.494)
样本量	150
R^2	0.216
adj. R^2	0.153

t statistics in parentheses　*$p<0.10$, **$p<0.05$, ***$p<0.01$

本章实证检验数字化转型赋能绿色金融前后对商业银行经营效率的影响。研究发现：第一，绿色金融发展水平对商业银行经营效益的影响显著为正；第二，数字化转型对商业银行经营效率的影响显著为正；第三，实施数字化转型后，数字化赋能绿色金融可以提升商业银行经营效率，验证了数字化转型通过绿色金融中介变量对银行经营效率的正向影响；第四，数字化转型细分维度中数字化管理和数字化战略赋能绿色金融对银行经营效率有正向影响，数字化业务转型赋能绿色金融对银行经营效率的影响呈现先减再增的U形趋势。

本章介绍的检验方法论证了数字化转型赋能绿色金融促进商业银行提质增效的重要作用，为商业银行探索数字技术与绿色金融场景融合提供了重要的理论依据，进一步推动了绿色金融的创新发展。

第六章

绿色金融对商业银行社会效益
影响的实证分析

第一节　场景设定与研究假设

一、绿色信贷与商业银行社会效益

商业银行发展绿色信贷是履行社会责任的重要表现。绿色金融通过引导资本加速流向绿色产业，推动经济社会的绿色转型，助力我国加快实现碳达峰、碳中和目标。绿色金融引导社会资本投向绿色项目，满足市场中绿色融资需求，整体上优化了社会资本的配置效率，进一步推动环境保护、清洁能源、绿色建筑、气候良性变化等领域的发展。谢东江研究发现，绿色金融可以提升城市绿色全要素生产率，发挥空间溢出效应。同时，绿色金融通过推动绿色产业发展，可以有效降低社会活动的碳排放量，促进经济高质量发展。Markandya 认为，发展中国家和发达国家通过实行碳税绿色气候基金可以减少碳排放。Sun 的研究认为，绿色金融可以有效促进碳减排。基于此，本书提出研究假设 6-1。

研究假设 6-1：绿色金融对商业银行社会效益有积极影响。

二、数字化转型与商业银行社会效益

数字化转型在商业银行履行社会责任方面发挥着巨大作用。商业银行借助数字化转型可以推动组织结构转型和优化业务流程，通过提升管理能力和服务效率，提高银行社会责任承担能力。第一，组织结构转型方面。数字技术基于数据要素可复制性、无边际成本等特点，可以帮助商业银行打破内部部门、不同层级之间的信息孤岛、知识壁垒和技术壁垒，帮助商业银行实现更加扁平化、透明化、网络化的组织架构，提升商业银行内部对生态环保经营理念的传达能力、学习能力、理解能力和执行能力。第二，业务流程优化方面。在审批端，商业银行可以将风险管理准则融入自动化审批中，使业务审批受到社会价值约束，提升审批效率的同时提高社会责任承担水平；在营销端，商业银行可以通过线上平台增强与客户的联通互动能力，基于用户数据的智能分析结果满足用户特殊需求，以此推动商业模式的变革；在服务端，商业银行借助数字技术可以克服地理限制对金融服务范围的约束，提升金融服务的可得性和覆盖率，使金融服务更容易触达小微企业和弱势群体。基于此，本书提出研究假设 6-2。

研究假设 6-2：数字化转型对商业银行社会效益有积极影响。

三、数字化转型与商业银行绿色信贷社会效益

商业银行借助数字化转型可以缓解绿色信贷业务中信息不对称的问题，扩大绿色信贷规模，提升绿色信贷收益，提升商业银行履行社会责任的能力和意愿。首先，数字化转型通过环境声誉机制，可以增强商业银行社会责任履行能力。社会影响假说认为企业可以通过承担社会责任树立良好的声誉，通过获得社会认可改善经营绩效。商业银行可以通过提升环境声誉来改善执行绿色信贷政策所产生成本负担，提升商业银行风险抵御能力和市场竞争力，获得长期稳定的回报。其次，商业银行借助较高的声誉可以向政府争取更多的政策福利。政府部门为鼓励商业银行发展绿色金融，通常采用绿色贴息或财政补贴等方式提升商业银行绿色金融业务的整体收益水平，提升银行履行社会责任的积极性。最后，环境声誉较高的商业银行更易获得社会公众的认可，吸引更多环保偏好的投资者。从市场预期来看，较好的社会责任报告会引起市场投资者的关注，投资者认为拥有良好环境声誉企业的发展更为稳健，对该类企业股价的预期收益更高。

数字化转型可以通过可持续发展机制，提升商业银行社会责任的履行能力。商业银行借助数字技术可以进一步降低绿色金融识别成本、提高绿色信贷绩效，解决商业银行发展绿色金融缺少内生动力的问题。数字化转型通过改善绿色金融收益，可以帮助商业银行更有效地落实绿色金融发展战略，提高银行履行社会责任的积极性，推动可持续发展在日常经营中的深度融合。以兴业银行为例，绿色金融对该行的财务贡献程度已上升至 15%。绿色金融业务在带给兴业银行良好收益的同时，还为该行树立了良好的社会形象，打造了独具特点的绿色品牌，帮助兴业银行实现了与政府、企业的密切合作。

同时，部分研究发现，数字技术对商业银行的风险承担、网点扩张、经营绩效存在先增再减的非线性影响。由此分析，商业银行数字化转型需要前期的大量投入，会给银行经营带来成本负担，当投入达到一定规模时，数字

化转型才发挥能效，数字技术转型的边际成本呈边际递减趋势。

基于此，本书提出研究假设 6-3。

研究假设 6-3a：数字化转型对商业银行绿色金融社会效益具有积极影响。

研究假设 6-3b：数字化转型后期投入成本呈现边际递减的趋势，当投入达到一定规模后，数字化转型可以发挥积极的促进效应，并且转型后期对商业银行绿色金融社会效益的影响更为显著。

第二节　研究设计

一、构建调节效应模型

为检验数字化转型对绿色信贷和商业银行社会效益的影响，借鉴 Preacher 的调节效应模型进行研究，本书建立模型（6-1）、（6-2）、（6-3）对研究假设 6-1、研究假设 6-2、研究假设 6-3 进行检验。本研究设置如下模型：

$$\mathrm{CSR}_{i,t} = \alpha_0 + \alpha_1 \ln\mathrm{Green}_{i,t} + \alpha_2 \mathrm{Controls}_{i,t} + \mu_i + \theta_t + \varepsilon_{i,t} \tag{6-1}$$

$$\mathrm{CSR}_{i,t} = \beta_0 + \beta_1 \mathrm{DT}_{i,t} + \alpha_3 \mathrm{Controls}_{i,t} + \iota_i + \mu_t + \rho_{i,t} \tag{6-2}$$

$$\mathrm{CSR}_{i,t} = \gamma_0 + \gamma_1 \ln\mathrm{Green}_{i,t} + \gamma_2 \mathrm{DT}_{i,t} + \gamma_3 \ln\mathrm{Green}_{i,t} \times \mathrm{DT}_{i,t} + \gamma_4 \mathrm{Controls}_{i,t} + \omega_i + \psi_t + \delta_{i,t}$$
$$\tag{6-3}$$

式（6-1）中，被解释变量 $\mathrm{CSR}_{i,t}$ 为商业银行 i 在第 t 年对数形式的社会效益，使用和讯网企业社会责任评分来衡量。核心解释变量为对数形式的绿色信贷余额 $\ln\mathrm{Green}_{i,t}$。Controls 表示银行特征的其他控制变量，包括商业银行第一大股东占比（1Share）、数字经济发展水平（DE）、经济开放程度（IE）、广义货币增速 (G_M_2)、GDP 增长率（gGDP）。同时，模型控制了商业银行个体固定效应（μ_i）和年份固定效应（θ_t）；ε_{it} 表示随机扰动项。

式（6-2）为进一步探索初期数字化转型和后期数字化转型对商业银行社会效益的影响，使用数字化转型的虚拟变量 $\mathrm{DT}_{i,t}$ 替换式（6-2）中核心解释变量 $\ln\mathrm{Green}_{i,t}$，当数字化转型水平高于中位数取 0，为转型后期，反之取 1。

一般意义上，商业银行发展绿色金融为低碳行业提供资金，一定会增加环境效益。在此，式（6-2）检验不同数字化转型阶段对商业银行绿色金融社会效益的影响。模型中其他解释变量与式（6-1）中一致，此处不做赘述。ι_i 代表加入数字化转型水平后商业银行个体固定效应，μ_t 代表加入数字化转型水平后时间固定效应，$\rho_{i,t}$ 代表加入数字化转型水平后随机扰动项。

式（6-3）采用绿色信贷水平 $ln\text{Green}_{i,t}$、数字化转型水平 $\text{DT}_{i,t}$ 和二者的交互项 $ln\text{Green}_{i,t} \times \text{DT}_{i,t}$ 作为解释变量，检验初期数字化转型与后期数字化转型对绿色信贷和商业银行社会效益调节作用的差异。ω_i 代表加入交互项后商业银行个体固定效应，ψ_t 代表加入交互项后时间固定效应，$\delta_{i,t}$ 代表加入交互项后随机扰动项。由式（6-3）可知，如果初期数字化转型的调节效应更显著，则 γ_3 应该显著为负，反之亦然。

二、变量说明

被解释变量：本章探究不同阶段数字化转型对绿色信贷和商业银行社会效益的影响，将和讯网企业社会责任评分取对数（CSR）作为被解释变量。和讯网企业社会责任评分是根据上交所和深交所上市企业发布的社会责任报告和年报，基于股东责任、员工责任、供应商、客户和消费者权益责任、环境责任和社会责任五个维度所构成的综合评分，并根据消费行业、制造行业、服务行业特点对评分进行补充调整，可以较为全面地衡量商业银行经营活动所贡献的社会效益。变量释义如表 6-1 所示。

核心解释变量：参考陶茜和郝清民的做法采用对数形式下的绿色信贷余额（lnGreen）代表商业银行绿色金融发展水平，用作模型中对商业银行社会效益的核心解释变量，个别缺失的数据采用均值插补法补齐。数据来源为商业银行历年社会责任报告。

调节变量：参考 Rosner 的做法，以中位数为分界线，将数字化转型水平的连续变量调整为虚拟变量，对低于中位数的数字化转型水平取 1，设定为转型初期，高于中位数的转型水平取 0，设定为转型后期。采用中位数切分法主要是为了使每类虚拟变量的大样本数据保持相对一致，可以更为直观地反映自变量与因变量之间复杂关系的变化，为研究数字化转型对绿色信贷和商业银行社会效益的影响提供数据支持。

控制变量：为全面客观地分析不同阶段数字化转型赋能绿色信贷对商业银行承担社会责任的影响，还需要在模型中加入可能影响商业银行承担社会效益的其他控制变量。具体而言，设置了如下控制变量：商业银行第一大股东占比（1Share），采用第一大股东持股比例衡量；数字经济发展水平（DE），采用数字经济占GDP比重衡量；经济开放程度（IE），采用进出口总额占GDP比重衡量；广义货币增速（G_M_2），采用历年 M_2 货币增长速度衡量；GDP增长率（gGDP），采用历年 GDP 增速衡量。

表 6-1 变量释义

类别	变量名称	缩写	定义
被解释变量	商业银行承担的社会责任	CSR	和讯网企业社会责任评分取对数
解释变量	绿色信贷余额自然对数	lnGreen	绿色信贷余额取对数
调节变量	数字化水平	DT	高于中位数取 0，低于取 1
交互项	绿色信贷与数字化水平交互项	lnGreen×DT	绿色信贷余额自然对数与数字化水平的乘积
控制变量	第一大股东持股比例	1Share	第一大股东持股比例
	数字经济发展水平	DE	数字经济占 GDP 比重（%）
	经济开放程度	IE	进出口总额占 GDP 比重（%）
	广义货币增速	G_M_2	广义货币增长速度（%）
	GDP 增长率	gGDP	历年 GDP 增度（%）

三、数据来源和描述性统计分析

本研究的被解释变量上市公司社会责任评分来源于和讯网；核心解释变量绿色信贷余额来自商业银行社会责任报告；数字化转型水平为北京大学数字金融研究中心构建的中国商业银行数字化转型指数，其他相关数据均来自于国泰安数据库。

不失一般性，本书对样本数据进行如下处理：首先，剔除了和讯网社会责任评分中未涵盖的上市银行，主要为全部港股上市银行以及部分深沪上市银行。其次，剔除主要变量存在数据缺失的样本。然后，对连续型变量进行双侧 1%的缩尾处理。最后，将数字化转型水平的连续变量转换成二分类变量。如数字化转型水平高于中位数则为 1，反之则为 0。经过以上处理，最终得到 2010—2021 年 53 家商业银行的非平衡面板数据。

变量描述性统计结果如表 6-2 所示。从银行承担的社会责任水平 CSR 来看，均值为 1.602，最小值 1.469 与最大值 1.935 之间相差不大，说明商业银行的社会效益整体之间差异不大。从银行绿色信贷水平 lnGreen 来看，均值为 2.364，标准差为 0.892，说明各家银行绿色信贷规模存在一定的差异。从商业银行数字化转型水平来看，均值为 0.501，说明根据中位数分类的样本量相对一致，样本有较好的可比性。从控制变量来看，样本期间第一大股东平均持股比例为24.745%，我国数字化经济平均发展水平为32.195%，我国经济开放程度平均水平为16.348%，商业银行地区 GDP 平均水平为 4.438，广义货币平均增速为 10.817%。

表6-2　变量描述性统计结果

变量	观测	均值	标准差	最小值	25%分位数	中位数	75%分位数	最大值
CSR	240	1.602	0.190	1.223	1.469	1.549	1.825	1.935
lnGreen	371	2.364	0.892	0.310	1.800	2.265	3.066	4.266
DT	377	0.501	0.501	0.000	0.000	1.000	1.000	1.000
1Share	377	24.745	15.983	4.360	114.870	19.650	28.580	67.720
DE	377	32.195	6.463	19.200	27.500	34.800	38.600	39.800
IE	377	16.348	2.872	14.133	14.562	15.219	15.393	23.410
G_M_2	377	10.817	2.930	8.174	8.744	110.083	11.333	19.700
gGDP	377	0.088	0.057	0.015	0.028	0.087	0.115	0.194

第三节　实证检验和结果分析

一、实证结论

本研究实证检验采用双重固定效应模型，在控制银行个体差异和时间差异的情况下，探究数字化转型对绿色金融和商业银行社会效益的调节作用。表 6-3 第（1）列为式（6-1）回归结果，检验绿色信贷对商业银行社会效益的影响。结果显示，绿色信贷水平对商业银行社会效益的影响在 15%的水平下显著为正，绿色信贷余额每提高一个单位水平商业银行的社会效益增加0.047%。这一结论显示，商业银行发展绿色信贷对银行社会效益有积极贡献。这一结论与王宏涛、斯丽娟和曹昊煜的研究结果一致，验证了商业银行发展绿色金融是其承担社会责任的重要表现，研究假设 6-1 成立。

表 6-3 第（2）列为式（6-2）回归结果，检验初期数字化转型与后期数字

化转型对商业银行社会效益的影响。结果显示，后期数字化转型对商业银行社会效益的促进作用更为显著，且这种作用在5%的水平下显著。这一研究结论与肖红军、申明浩的研究结果一致。

表6-3第（3）列为式（6-3）回归结果，将核心解释变量、调节变量和二者的交互项作为解释变量，检验初期数字化转型和后期数字化转型对绿色信贷和商业银行社会效益的影响。结果显示，绿色信贷余额对商业银行社会效益的影响在15%水平下显著为正，绿色信贷规模每提高一个单位水平，商业银行所承担的社会责任增加0.047%。后期数字化转型对商业银行社会效益的促进作用高于初期数字化转型，且这种作用在5%的水平下显著。交互项显示后期数字化转型对绿色信贷和商业银行社会效益的调节作用高于初期，且在15%的水平下显著。该结果表示，初期数字化转型取 1 时，绿色信贷对商业银行社会效益的影响为 0.048-0.025=0.023；后期数字化转型取 0 时，绿色信贷对商业银行社会效益的整体影响为 0.048，证明后期数字化转型的调节效应强于初期数字化转型。对此结果，可能的原因是：随着后期数字化转型成本边际递减，数字化转型对绿色信贷和商业银行社会效应的调节效应逐渐增强。当技术进步后，数据作为商业银行经营的重要生产要素，随着绿色信贷规模的增加，商业银行平均业务成本实现了进一步下降。

通过横向对比表6-3第（1）、（2）、（3）列回归结果，可以发现同时加入绿色信贷余额、数字化转型水平和二者交互向后，三个模型的解释力度依次增强。

表6-3 绿色信贷对商业银行社会效益的影响

变量	（1）CSR	（2）CSR	（3）CSR
lnGreen	0.047*		0.048*
	(0.030)		(0.032)
DT		0.030***	0.103**
		(0.014)	(0.053)
lnGreen×DT			-0.025*
			(0.018)
lShare	-0.000	-0.001	-0.001
	(0.001)	(0.001)	(0.001)
DE	0.002*	0.017*	0.017*
	(0.018)	(0.022)	(0.022)

续表

变量	（1）	（2）	（3）
	CSR	CSR	CSR
IE	0.035	0.079	0.086
	(0.067)	(0.081)	(0.082)
G_M_2	0.009	−0.002	−0.004
	(0.022)	(0.025)	(0.025)
gGDP	−0.576*	−0.791*	−0.869*
	(0.561)	(0.572)	(0.582)
常数项	0.859	−0.212	−0.370
	(1.421)	(1.767)	(1.775)
个体固定效应	Yes	Yes	Yes
年份固定效应	Yes	Yes	Yes
样本量	238	228	226
R^2	0.809	0.831	0.831
adj. R^2	0.764	0.785	0.788

Standard errors in parentheses　$*p < 0.15$，$** p < 0.10$，$***p < 0.5$

二、内生性检验

（一）考虑互为因果关系

互为因果产生的内生性问题。一般来讲，宏观因素会对企业微观变量产生影响，而单个企业微观变量往往难以直接影响宏观变量。因此，商业银行数字化转型水平可能会提升商业银行社会效益，但是商业银行并不会基于已经发生的社会效益增加数字化转型方面的投入。所以，商业银行数字化转型水平和商业银行社会效益之间互为直接因果关系的可能性不大。

（二）采用滞后一期解释变量回归

考虑到可能的内生性问题和绿色信贷政策的滞后效应，本书参考黄继承的做法，采用滞后一期的数字化转型水平代替当期转型水平进行回归。解释变量滞后一期回归结果如表 6-4 所示，滞后一期数字化转型水平对绿色信贷和商业银行社会效益有正向影响，且滞后一期的后期数字化转型对绿色信贷和商业银行社会效益的调节作用强于滞后一期的前期数字化转型，此结果与前文检验结果一致。

表 6-4　解释变量滞后一期回归结果

	（1）	（2）	（3）
	CSR	CSR	CSR
lnGreen	0.047*		0.064*
	（0.030）		（0.035）
L.DT1		0.019*	0.134***
		（0.014）	（0.053）
lnGreen×L.DT1			−0.039***
			（0.018）
1Share	−0.000	−0.001	−0.001
	（0.001）	（0.001）	（0.001）
DE	0.002*	0.011*	0.008*
	（0.018）	（0.021）	（0.020）
IE	0.035	0.068	0.062
	（0.067）	（0.067）	（0.066）
G_M_2	0.009	0.005	0.008
	（0.022）	（0.026）	（0.026）
gGDP	−0.576*	−0.581*	−0.522*
	（0.561）	（0.489）	（0.487）
常数项	0.859	0.101	0.129
	（1.421）	（1.489）	（1.475）
个体固定效应	Yes	Yes	Yes
时间固定效应	Yes	Yes	Yes
样本量	238	200	199
R^2	0.809	0.831	0.836
adj. R^2	0.764	0.788	0.790

t statistics in parentheses　*$p < 0.15$，**$p < 0.10$，***$p < 0.05$

（三）工具变量法

为排除调节变量潜在的内生性问题，借鉴谢绚丽和余明桂的研究方法，选取中国互联网普及率和数字普惠金融中各省份的数字普惠金融指数、数字普惠金融覆盖广度和使用深度作为数字化转型水平的工具变量。一方面，城市居民的互联网金融使用情况与商业银行社会责任没有直接关系，具有一定的外生性。另一方面，商业银行总部所在省份的数字普惠服务渗透率越高，商业银行数字化转型水平可能越高。

工具变量检验结果如表 6-5 所示，数字化转型对绿色信贷和商业银行社会效益的影响仍然显著为正，且后期数字化转型对绿色信贷和商业银行社会效益的调节效应强于前期数字化转型，与表 6-3 结果一致。同时，从使用工具变量后的检验结果中可以发现，新的估计系数均大于表 6-3 的回归结果。同时，过度识别检验结果如表 6-6 所示。表 6-6 显示 Sargan 检验结果的 P 值较大，不存在过度识别问题。

表 6-5　工具变量检验结果

变量	（1）
	CSR
lnGreen	0.348^{*}
	（1.526）
DT	1.564^{**}
	（2.128）
lnGreen×DT	-0.588^{**}
	（−1.996）
1Share	0.000
	（0.022）
DE	0.001^{*}
	（0.026）
IE	0.161
	（1.892）
G_M_2	−0.082
	（−1.955）
gGDP	-1.606^{*}
	（−1.544）
常数项	−0.370
	（−0.208）
个体固定效应	Yes
年份固定效应	Yes

t statistics in parentheses　$^{*}p < 0.15$，$^{**}p < 0.10$，$^{***}p < 0.05$

表 6-6　过度识别检验结果

Sargan statistic (overidentification test of all instruments):	5.375
Chi-sq(3)	P-val = 0.3718

三、稳健性检验

（一）采用不同回归模型

本部分采用 Probit 模型和 Logit 模型进行稳健性检验。将式（6-4）中被解释变量商业银行社会责任转化为二分类变量（CSRzj），以上年商业银行社会效益为基准，如果第二年增加则取值为 1，否则取 0。Probit 模型、Logit 模型回归结果如表 6-7 所示。表 6-7 第（1）列为 Probit 模型的检验结果，第（2）列为 Logit 模型的检验结果。表 6-7 第（1）、（2）列结果均显示，数字化转型对绿色信贷和商业银行社会效益有积极影响，同时后期数字化转型的调节效应高于前期数字化转型，结果与表 6-3 的结果一致，证明回归结果的可靠性。

表 6-7　Probit 模型、Logit 模型回归结果

	（1）	（2）
	CSRzj（Probit）	CSRzj（Logit）
lnGreen	0.425***	0.695***
	(0.156)	(0.260)
DT	1.074*	1.747*
	(0.577)	(0.934)
lnGreen×DT	−0.557**	−0.911**
	(0.221)	(0.362)
1Share	0.008	0.014
	(0.007)	(0.011)
DE	−0.023	−0.035
	(0.040)	(0.065)
IE	−0.008	−0.007
	(0.098)	(0.160)
G_M_2	−0.012	−0.022
	(0.069)	(0.112)

续表

	（1）	（2）
	CSRzj（Probit）	CSRzj（Logit）
gGDP	0.087*	−0.042*
	（2.916）	（4.744）
常数项	0.042	−0.076
	（2.599）	（4.233）
样本量	181	181

t statistics in parentheses *p＜0.15，**p＜0.10，***p＜0.05

Probit 模型、Logit 模型回归结果的优势比如表 6-8 所示。优势比代表解释变量变化一单位水平，引起被解释变量从 0 到 1 概率增加的幅度。表 6-8 第（1）列结果显示，绿色信贷每提升一个单位水平，商业银行社会效益高于上年的概率会提升 15.5%；后期数字化转型促进商业银行社会效益高于上年的概率高于前期数字化转型影响的 39.3%；后期数字化转型对绿色信贷和商业银行社会效益的积极影响高于前期数字化转型影响的 20.4%。这一结论与表 6-3 一致。

表 6-8　Probit 模型、Logit 模型回归结果的优势比

变量	（1）	（2）
	CSRzj（Probit）	CSRzj（Logit）
lnGreen	0.155***	0.156***
	（0.053）	（0.054）
DT	0.393**	0.393**
	（0.205）	（0.202）
lnGreen×DT	−0.204**	−0.205**
	（0.077）	（0.076）
样本量	181	181

Standard errors in parentheses *p＜0.15，**p＜0.10，***p＜0.05

（二）补充解释变量

参考李春涛的做法，通过在模型中加入控制变量检验回归结果的稳定性。本研究在控制商业银行个体固定效应和年份固定效应的基础上，将商业银行资产回报率 ROA 作为控制变量加入回归模型。控制变量中增加 ROA

回归结果如表 6-9 所示。绿色金融对商业银行社会效益的影响显著为正；数字化转型对商业银行社会效益的作用显著为正；后期数字化转型对绿色信贷和银行社会效益的调节效应高于前期数字化转型，回归结果与前文所得结论一致。

表 6-9　控制变量中增加 ROA 回归结果

变量	（1）	（2）	（3）
	CSR	CSR	CSR
lnGreen	0.052**		0.051*
	（0.030）		（0.032）
DT		0.031***	0.102**
		（0.014）	（0.053）
lnGreen×DT			−0.025*
			（0.018）
1Share	0.000	−0.001	−0.001
	（0.001）	（0.001）	（0.001）
DE	−0.005	0.010	0.009
	（0.018）	（0.023）	（0.023）
IE	0.003	0.049	0.054
	（0.070）	（0.084）	（0.085）
G_M_2	0.019	0.007	0.006
	（0.023）	（0.026）	（0.026）
gGDP	−0.372*	−0.613*	−0.683*
	（0.571）	（0.587）	（0.596）
ROA	0.141	0.105	0.111
	（0.083）	（0.080）	（0.080）
常数项	1.364	0.299	0.161
	（1.445）	（1.806）	（1.812）
个体固定效应	Yes	Yes	Yes
年份固定效应	Yes	Yes	Yes
样本量	238	228	226
R^2	0.812	0.833	0.833
adj. R^2	0.766	0.791	0.789

Standard errors in parentheses　$*p < 0.15$，$**p < 0.10$，$***p < 0.5$

第四节　作用机制

前述的实证检验验证了数字化转型对绿色信贷和商业银行社会效益的调节效应,为了更好地理解数字化转型通过何种渠道发挥效应,这里做进一步的机制分析。

声誉效应机制检验。理论分析认为,商业银行数字化转型通过推动绿色金融发展,提升了商业银行绿色声誉,可以提高商业银行社会责任承担水平。商业银行数字化转型可以降低绿色信贷识别成本,扩大绿色金融服务范围和受众群体,推动绿色信贷的进一步发展。商业银行通过业务转型向社会公众表明其绿色低碳的经营理念,是提升环境声誉的重要路径。环境声誉是一种同时具有经济效益和社会效益的无形资产。环境声誉的形成主要基于社会对金融机构开展绿色金融的综合评价,反映了商业银行在绿色金融方面的内部定位和外部认可。商业银行可以通过提升社会认可度进一步吸引绿色投资者,扩大绿色金融服务范围,提升风险承担水平和市场竞争力,增强商业银行承担社会责任的动力。本节利用商业银行年末市场价值减去账面价值来衡量银行声誉(SY)。声誉水平可以较好地反映出数字化转型赋能绿色信贷发展时,商业银行社会认可度的变化情况,从而检验数字化转型对绿色信贷和商业银行社会效益的影响机制。

可持续发展机制检验。理论分析认为,商业银行数字化转型可以缓解绿色信贷业务中的信息不对称问题,拓宽获客渠道,提升商业银行经营效益,推动绿色金融的可持续发展。绿色金融业务可持续发展的本质是借助数字技术提升业务收益,满足商业银行的盈利性,改变商业银行发展绿色金融的内生动力。随着绿色金融对商业银行的财务贡献比重的上升,利用自然对数水平的商业银行纳税数额(lnTax)和自然对数水平的银行应付工资金额(lnWage)可以较好地衡量数字化转型赋能绿色金融后商业银行的经营情况。

机制检验结果如表 6-10 所示,绿色信贷和数字化转型对商业银行声誉、纳税数额和应付工资金额有正向显著的影响。前期数字化转型对绿色信贷和机制变量的影响弱于后期数字化转型。表 6-10 第(1)列结果显示,后期数字化转型对绿色信贷和商业银行声誉的调节作用比前期数字化转型水平高7.041%。表6-10第（2）列结果显示，后期数字化转型对绿色信贷和商业银行纳税数额的调节作用比前期数字化转型水平高1.620%。表6-10第（3）列结果显示，后期数字化转型对绿色信贷和商业银行应付工资金额的调节作用比前期数字化转型水平高0.344%。

表6-10　机制检验结果

	（1）	（2）	（3）
	SY	lnTax	lnWage
lnGreen	6.849***	1.441**	0.401***
	（1.960）	（0.837）	（0.082）
DT	20.887***	5.261***	1.089***
	（4.703）	（1.906）	（0.200）
lnGreen×DT	−7.041***	−1.620***	−0.344***
	（1.424）	（0.567）	（0.060）
常数项	7.418	19.099***	21.997***
	（4.907）	（2.009）	（0.237）
个体固定效应	Yes	Yes	Yes
时间固定效应	Yes	Yes	Yes
样本量	240	229	285
R^2	0.647	0.657	0.977
adj. R^2	0.554	0.560	0.970

t statistics in parentheses　$*p < 0.10$，$**p < 0.05$，$***p < 0.01$

本章实证检验了数字化转型赋能绿色金融对商业银行社会效益的影响。研究发现：第一，绿色信贷余额对商业银行社会效益影响显著为正；第二，数字化转型对商业银行社会效益显著为正；第三，实施数字化转型后，数字化赋能绿色金融可以进一步促进商业银行社会效益。同时，前期数字化转型对绿色信贷和商业银行社会效益的调节作用弱于后期数字化转型；第四，验证数字化转型可以通过声誉效应机制和可持续发展机制发挥调节作用。

本章检验了数字化转型赋能绿色金融对商业银行社会效益的促进作用，论证了数字化转型赋能绿色金融可以进一步提升银行的社会贡献，结合前两章实证结果，阐明了数字化转型赋能绿色金融可以帮助商业银行实现对经济效益和社会效益的兼顾，推动绿色金融的可持续发展。

后 记

一、研究结论

本书基于经济高质量发展的宏观顶层设计，将数字化转型与绿色金融实践的困境相关联，根据商业银行这一微观主体的经营绩效表现，探究商业银行实现高质量发展的绿色生态与数字化融合的创新途径。本书将规范研究与实证研究相结合，基于我国商业银行经营绩效的历史数据，验证了数字化转型赋能绿色金融能够对银行经营效益、经营效率和社会效益产生积极影响。具体研究结论如下。

（一）数字化转型推进绿色金融发展对商业银行经营效益的正向效应逐步显现

通过双重固定效应模型检验发现，商业银行开展绿色信贷业务对其经营效益下滑没有产生明显的遏制作用，数字化转型可以发挥调节效应，有助于提升商业银行绿色金融经营效益。实证检验主要有以下发现：第一，商业银行受到国际局势影响和突发事件冲击，导致经营效益增速持续放缓，外加绿色信贷发展初期业务成本较高，银行开展绿色信贷业务未能改变其资产回报率持续下滑的趋势。第二，数字化转型通过改变商业银行的经营模式，解决信息不对称问题，提升管理效率，对商业银行资产回报率有正向影响。第三，数字化转型赋能绿色金融可以发挥调节效应，促进商业银行经营效益回归正常的增长趋势，检验发现数字化转型通过信息化机制、风险承担机制和长尾效应机制发挥调节效应。上述结论在进行稳健性检验和控制内生性问题之后，仍然成立。第四，门槛效应检验表明，数字化转型的建设成本随绿色信贷规模的增加呈边际递减趋势，当数字化转型边际成本趋近于零后，随着数字化转型平均投入成本降低，其对绿色信贷和商业银行经营效益的调节作用会显著增强，非国有商业银行这一变化晚于国有商业银行。

（二）数字化转型助力绿色金融发展不断提升商业银行经营效率

通过中介效应模型检验发现，绿色金融对商业银行经营效率有正向影响，数字化转型可以通过绿色金融发挥中介效应，有助于提升商业银行经营效率。实证检验主要有以下发现：第一，绿色金融发展可以有效提升商业银行全要素生产率，尽管绿色金融业务初期的识别成本较高，但是绿色融资回款周期普遍较长可以为银行带来稳定收益，提升银行全要素生产率。第二，数字化转型可以从决策层面、执行层面和风险管理层面发挥作用，对商业银行全要素生产率产生积极影响。第三，数字化转型对商业银行绿色金融全要素生产率具有显著积极的影响，数字化转型可以通过绿色金融发挥中介效应，提升商业银行全要素生产率。上述结论在进行稳健性检验和控制内生性问题之后，仍然成立。第四，数字化管理和数字化战略对商业银行绿色金融经营效率有促进影响，可以通过绿色金融发挥中介效应提高银行全要素生产率；数字化业务对商业银行绿色金融经营效率的影响呈现先减再增的 U 形影响。

（三）数字化转型促进绿色金融发展进一步突显商业银行社会效益

通过双重固定效应模型检验发现，发展绿色金融可以显著提升商业银行社会效益，数字化转型可以赋能绿色金融发挥调节效应，有助于提升商业银行社会效益。实证检验主要有以下发现：第一，承担社会责任、树立良好声誉已成为评价现代商业银行社会效益的重要指标，商业银行通过发展绿色金融可以提升环境声誉，提高市场认可度，彰显社会责任感，可以产生显著的社会效益。第二，数字化转型能够通过组织结构转型和业务流程优化，提升商业银行社会效益。第三，数字化转型对绿色信贷和商业银行社会效益具有显著积极的影响。并且，前期数字化转型对绿色信贷和商业银行社会效益的影响低于后期数字化转型。同时，检验发现数字化转型可以通过声誉机制和可持续发展机制可以发挥调节作用。上述结论在进行稳健性检验和控制内生性问题之后，仍然成立。

二、对策建议

（一）完善绿色金融政策体系，多措并举提升投资收益

前文通过实证检验发现绿色金融对商业银行经营效益的影响显著为负，并且数字化转型可以改善这种负面影响，本部分基于绿色金融业务实质和数字化转型对商业银行的积极影响，从完善绿色金融政策、疏通绿色投融资渠道、统一绿色信息披露标准、交叉学科人才培养四个方面给予了商业银行提升经营效益的相关建议。

1. 加大绿色金融支持政策，深度激发主体活力

近年来，我国政府部门在各领域均发布了倡导绿色转型的政策文件，地方政府也相继印发了碳达峰实施方案。2020 年 3 月中央颁布的《关于构建现代环境治理体系的指导意见》明确指出应由全社会共同参与环境治理。在绿色金融板块，2016 年 8 月颁布的《关于构建绿色金融体系的指导意见》明确提出发展绿色金融的八项任务；2019 年版的《绿色产业指导目录》成为我国首个权威绿色产业指导目录；2020 年 1 月发布的《关于推动银行业和保险业高质量发展的指导意见》专设"大力发展绿色金融"部分，但具体实施层面，对于金融供给方的激励政策还有待进一步细化补充。

商业银行发展绿色金融短期内面临较高的机会成本，政府需要推出更加行而有效的激励政策，从其他方面给予银行一定的帮助和补偿。目前，碳减排支持工具、侧重绿色的考核机制、环境风险权重调整及绿色项目担保和贴息等，都是激励商业银行等金融机构更加积极发展绿色金融的有利措施。其中，建立与时俱进的绩效考核体系对商业银行将绿色经营纳入自身"血脉"具有重要意义。通过考核结果更直观地反映出商业银行的环保贡献，同时在一定程度上弥补了绿色金融盈利性较弱的特点，可以有效平衡绿色金融的公益性和盈利性，提高商业银行参与绿色投融资的积极性。特别是 2021 年 6 月人民银行发布《银行业金融机构绿色金融评价方案》，首次将绿色金融的量化指标纳入了商业银行绩效考核机制，这在商业银行高质量发展史上具有里程碑的意义。

基于以上，建议监管部门在鼓励金融机构加大对绿色金融的投入力度上有更明确的政策指引。在目前现有的政策基础上，如《中国银监会关于印发银行业金融机构绩效考核监管指引的通知》、《商业银行绩效评价办法》、《银行业金融机构绿色金融评价方案》，增加 ESG 评价管理体系的正面激励作用，同时考虑将相关考核结果纳入银行评级，给予评级较高的商业银行一定的财政优惠，引导商业银行不断加大在绿色金融方面的投入，形成可持续的内生发展动力。对于券商、保险企业等非银行金融机构，政策应考虑从项目补贴、税收减免等方面进行激励，进一步推动绿色金融的可持续发展。对创新绿色金融工具、业务规模领先的金融机构予以表彰，从"质"和"量"两个维度为绿色金融可持续发展提供积极的政策导向。

2. 促进社会经济低碳转型，高效畅通融资渠道

政府需要加大对高污染企业的低碳转型补贴，依托政府信用引导金融机构参与绿色产业发展，疏通低碳转型的融资渠道。当前，我国一大批企业存在迫切的转型需求，当企业在绿色技术研发、设备更新改造、行业兼并和吸收重组等方面面临资金缺口时，政府可以考虑对符合相关要求的企业给予一定财政支持，如一次性补贴或奖励，帮助企业纾解转型压力。政府可以考虑建立企业评级制度，进一步加强对产业发展的激励引导，通过对绿色资金需求方的环境贡献程度进行评级，综合评估企业发展前景，相对应的给予贷款利率优惠政策，对成效显著的重点企业予以重点扶持，加快推动高污染企业尽快、平稳向绿色企业转型。

以财政补贴为引导，以政府信用背书为契机，可以进一步打消金融机构对融资企业的顾虑，吸引更多的社会资本参与转型融资，激发绿色金融市场活力。政府应主导健立健全政、企、银各方联席沟通机制，精准对接绿色金融需求，围绕企业全周期产业链，鼓励各类金融机构运用多种类金融工具满足绿色融资需求，引导社会资金以多种形式支持绿色项目，进一步拓宽绿色金融需求方的融资渠道。地方政府应充分调研，制定区域性纲领文件，对当地重点领域积极利用政府产业引导基金带动社会资本，为优质的绿色转型企业提供资金支持和信用背书。

除产业转型外，政府也应注重鼓励居民消费绿色升级，形成绿色低碳消费模式，进一步释放绿色金融的有效需求，扩大金融机构服务范围。当前，我国金融机构在不少绿色消费领域进行了有益探索，如为居民提供绿色车险，鼓励居民购买环保型汽车，并提供贷款优惠；根据个人碳足迹建立绿色低碳积分体系，并根据积分水平给予居民一定的消费折扣，这些措施在一定程度上促进了消费绿色升级。居民生活覆盖面较广，政府与金融机构加强合作可以更有效地联通各个应用场景，进一步激发和释放绿色消费潜力。

3. 统一环境信息披露标准，显著降低交易成本

环境信息披露是绿色金融体系的"五大支柱"之一，统一环境信息披露标准，是降低绿色投融资交易成本的重要手段，我国需进一步营造公开透明的市场环境。国际上，ESG 已经成为贸易和投资的重要参考标准，但我国企业的 ESG 信息披露还不够充分、透明度较低，金融机构难以了解企业的真实

情况。目前，金融机构需要披露银行间市场绿色金融债、绿色信贷资金的投向，但尚未对绿色金融的信息披露形成统一的标准。统一的信息披露标准能够有效缓解市场的信息不对称性，降低交易成本，防止企业利用洗绿、漂绿等进行政策套利。分步建立环境信息披露制度，统一环境信息披露标准迫在眉睫。

我国应建立通用的企业环境信息披露标准，先从上市企业入手，推行统一的披露标准，继而推广使用于市场中其他参与主体。同时，可以根据业务特征细化不同类型金融机构的披露要求，系统全面地反映金融机构绿色金融业务发展情况，如增加披露持有的棕色或高碳行业资产、环境风险对或有负债的影响等。从现有各家上市商业银行披露的信息来看，存在选择性披露、环境信息含量不高、数据真实性存疑等问题，下一步可以通过立法强化商业银行环境信息披露要求，构建统一的环境信息数据库。同时，积极对接国际标准也是统一环境信息披露标准的重要方向。增强环境信息披露规则的包容性和适用性，能够增强中国金融机构在国际上的认可度，为商业银行参与国际合作奠定重要基础。

4. 强化绿色金融人才培养，稳步提高竞争实力

近年来，我国对新型领域、交叉学科领域的人才培养愈发重视，不少高校已经建立跨学院人才培养机制。培养绿色金融科技领域的复合型人才也应成为新的关注重点。第一，教育部可以鼓励有学科优势的高校制定专项人才培养计划，试点开展绿色金融科技人才培养，并进行评估推广；第二，国家留学基金委可以开展绿色金融科技领域的对外交流项目，着力培养国际性人才，推动我国绿色金融发展与国际接轨；第三，金融机构等用人企业可以考虑实施人才引进战略，加强对专业人才的实务能力培养，丰富其在绿色金融与金融科技领域的实践积累，给予足够的激励机制，确保留住人才，激发人才潜力；第四，企业也可以加强与绿色金融专业机构、研究机构的合作交流，在绿色金融政策、业务、产品和风险管理方面对员工进行培训，储备更多专业人才。

（二）全面推进数字化转型，助力绿色金融提质增效

前文通过实证检验发现绿色金融对商业银行经营效率的影响显著为正，

并且数字化转型可以进一步提升这种正面影响，本部分基于数字化转型可以进一步推动绿色金融发展，提升商业银行全要素生产率这一影响，从深化行业应用、加快数据中台建设、优化银行组织架构、重塑机构经营模式四个方面给予商业银行提升经营效率的相关建议。

1．加速数字发展，深化行业应用

2022 年 1 月人民银行印发的《金融科技发展规划（2022—2025 年）》指出要加快金融机构数字化转型，深化数字技术在金融领域的应用。2022 年 7 月银保监会发布的《银行业保险业绿色金融指引》强调利用数字技术推进绿色金融发展。数字技术已经成为推动现代银行全面提升经营能力的关键支撑，能够在需求端通过互联网实时连接客户，扩大服务范围，也能在供给端丰富营销和风控手段，降低服务成本，提升服务效率。金融机构借助数字技术能够推进运营模式、服务模式和风控模式的变革。

商业银行可以运用数字技术使审贷放贷流程智能化，根据多维度信息全方位判断企业风险，实现绿色金融交易的降本增效；商业银行也能通过业务流程线上化的方式，运用数字技术串通企业上下游的交易信息，降低信贷业务风险；商业银行还能运用数字技术实时监测资金流向，发挥技术优势，提高服务绿色实体的精准度；商业银行还可以运用数字技术搭建大数据绿色风控系统，开展常态化内控监督检查，通过环境风险压力测试，识别和量化环境因素引发的金融风险和潜在的投资机会，提高银行的管理能力。

2．搭建数据中台，增强核心功能

中国人民银行在 2021 年发布的《金融业数据能力建设指引》为金融机构开展金融数据工作提供全面指导，旨在帮助金融机构打造适应数字经济时代发展的核心竞争力。海量的客户数据蕴藏巨大的价值，商业银行如果能通过数字技术搭建数据中台，对数据进行高效采集和深入分析，实现对内部业务数据和外部披露数据的有效整合，可以从根本上提升银行的数据处理能力。国际领先的商业银行已经在很大程度上完成了主要业务与线上客户端的整合，并持续加大数据平台的建设力度，提高数据应用价值。

搭建数据中台，商业银行能够建立客户数据的可视图，实现精细化的客户管理，提高产品配置效率。在数字技术的支撑下，银行能够借助线上平台实现对客户交易数据的全面分析，细致划分客户群体，提供精准服务。例如，在绿色信贷业务方面，高效的数据中台能够满足银行获取企业环境信息、评估项目风险等需求。同时，数据中台也能够应用于产品定价和风险识别，商业银行利用大数据和人工智能，可以实现对产品和服务的精准定价，并广泛运用于风险识别，极大地提升绿色金融业务的服务效率。此外，数据中台还可以为绿色金融产品的创新提供试点环境，支持金融创新的短期测试。

3. 优化组织架构，形成充分合力

商业历史学家艾尔弗雷德·钱德勒曾说"战略决定架构"，商业银行数字化转型必然带来组织架构的调整。银行业数字化转型涉及不同层级、业务、技术等方面，需要加强商业银行的顶层设计，成立企业级组织架构。企业级组织架构可以对数字化转型发挥关键驱动作用，有助于商业银行深化数字化转型支柱。2022 年原银保监会发布的《银行业保险业绿色金融指引》要求银行将绿色金融治理工作明确到组织层级，要求银行保险机构的董事会或理事会承担主体责任。

当前，我国四大国有商业银行已经主动拥抱变革，纷纷建立企业级架构，力争打破条线、机构之间的信息割据，早日力争实现人工智能、区块链等数字技术的规模化应用。数字化转型实质是一种生产关系的变革，面对集中整合的业务流程，商业银行需结合自身实际从企业整体出发考虑对不同种类业务配备相应的生产资源。兴业银行在 2009 年组建可持续金融中心，在2012 年将其升级为总行绿色金融部，并在分行专门设置绿色金融部或相应机构，配置专职人员。

4. 打造数字生态，重塑经营模式

对于商业银行而言，打破传统边界，为个人、企业提供系统全面的金融服务已经成为银行未来转型发展的重要方向。许多商业银行创新性地设立了数字生态服务网点，能够为客户提供场景式一体化服务。我国商业银行正在不断融入数字中国的建设浪潮，通过搭建"技术+生态+体验+数据"的服务平台，重塑商业银行的经营管理模式，不断开创数字化新局面。

在绿色金融领域，商业银行也需要加大绿色金融产品的创新力度，打造银行的系列品牌。在信贷业务方面，商业银行可以加大绿色融资支持，提升

绿色信贷占比；在资产业务方面，商业银行可以加强资产管控，助力传统产业转型升级，开创碳排放质押贷、节能减排贷、碳收益支持票据、低碳信用卡、新能源汽车贷、绿色住房贷等新产品；在负债业务方面，商业银行可以探索绿色结构性存款、碳中和投资债券、碳项目收益债等业务；在中间业务方面，商业银行可以发展绿色理财、碳交易财务顾问、环境信息和环境风险管理咨询等业务。

此外，商业银行还应充分利用自身优势，提供综合化、多元化、全流程的一揽子金融服务。商业银行总部可以依托集团综合经营的子公司，如保险公司、理财公司等，推动绿色理念在基金、保险、环境权益等领域的发展，研究扩充绿色产品体系，为绿色金融业务提供全产业链的金融服务。而银行分行可以充分依托当地绿色产业集群，利用地方政策积极创新产品，积极发展绿色金融业务。

（三）健全银行绩效考核机制，推动绿色金融可持续发展

前文实证研究发现绿色金融对商业银行经营效益存在消极影响，对商业银行经营效率和社会效益存在积极影响，并且两种相反的影响相互之间无法叠加抵消，主要是由于我国当下缺少对商业银行绿色金融经济效益与社会效益的联动考核机制，商业银行社会效益无法有效转换为自身经济效益。为解决绿色金融经营收益较低的问题，我国应当持续完善商业银行绿色金融绩效考评机制，不断提升商业银行绿色经营活动与绩效评价体系的关联性，建立以市场为导向的绿色金融交易机制，参考市场交易信息完善对商业银行社会贡献的评价机制。

1. 推进绩效考核协同发展，巩固商业模式可持续性

商业银行经济效益和社会效益之间的发展是相互依存的。商业银行获得良好的经济效益可以为自身购买更好的生产要素，为商业银行承担社会责任提供基础保障。同时，商业银行获得良好的社会效益无形中提升了行业地位和市场认同度，对商业银行增加经济效益提供了有力支撑。需要推进商业银行经济效益和社会效益的协同发展，商业银行发展绿色金融即可以提升盈利能力，又可以增加贡献。

我国政府应持续完善商业银行经济效益与社会效益联动考评机制，持续

细化相关考核内容，构建发展绿色金融的平衡机制。经济效益方面，可以将商业银行绿色信贷的机会成本、同类型银行绿色金融的平均业务成本和贷款企业的税收贡献纳入评价体系，在以商业银行经营收益为主的考核基础上，对商业银行经济效益进行综合评判。社会效益方面，可以将商业银行的社会责任报告、贷款企业披露的环境信息和海外绿色投资一并纳入考核指标中，通过丰富考核维度，实现对商业银行社会贡献的多元评价。

2. 构建经济效益转换渠道，强化社会责任价值体现

近年来，我国商业银行绩效考核体系历经多次完善，商业银行绿色金融发展水平比重在绩效考核评价中逐渐上升，但商业银行仍然缺少将社会效益转化为经济效益的补偿机制。当前，市场参与度较高的商业银行，绿色金融发展水平普遍较高，往往可以从绿色金融业务中获得可观收益；市场参与度较低或竞争力较弱的商业银行，试图借助市场机制降低绿色融资交易成本的作用非常有限，导致这类银行的绿色金融业务收益偏低。在现有的商业银行绩效考核体系下，当商业银行绿色金融业务面临潜在损失时，缺少有效的机制将社会效益转化为经济补偿，导致部分银行会逐渐压低绿色金融规模直至退出市场。

商业银行绩效评价体系需要为商业银行绿色金融经济效益和社会效益搭建有效的转换渠道，使商业银行产生的社会贡献可以有效提升其环境商誉、行业地位和股票价值。基于环境商誉角度，政府可以构建有效的环境商誉评估机制，提高商业银行绿色经营行为与环境商誉的关联性，提升市场对环境商誉的价值认同感；从行业地位角度看，政府可以指导商业银行业组建推动绿色金融发展的非盈利机构，并根据绿色金融发展水平拟定商业银行在非盈利机构中的权力义务，并给予其一定的特许经营权，构建对商业银行绿色金融的经济补偿机制；从股票价值角度看，政府可以通过股票做市的方式，提高绿色金融水平较高的商业银行股票的市场流通性，激发股票参与者们潜在的环保意识，提升市场对商业银行股价中绿色价值的认可度，吸引更多的商业银行积极发展绿色金融，进一步推动社会的低碳转型。

三、未来展望

纵观全球发展史，科学技术进步在推动社会变革的进程中始终发挥着关

键作用。习近平总书记指出："科学技术从来没有像今天这样深刻影响着国家前途命运，从来没有像今天这样深刻影响着人民生活福祉。"2023 年我国政府工作报告指出，要"大力发展数字经济"。商业银行数字化转型已经成为未来重要的趋势，加快创新数字化产品既是商业银行自身经营的需要，也是时代发展的需求。

商业银行作为金融市场的主要参与者，肩负着以金融服务支撑我国经济转型的重要使命。但现阶段，商业银行在绿色金融实践中遇到现有绩效考核体系相对滞后的问题，导致其在绿色金融业务收益有限的情况下，发展绿色金融的内生动力不足。我国应进一步完善绿色金融"五大支柱"中的激励约束机制，完善银行社会效益的考核机制，丰富银行社会效益的考核方式，通过增加相关标准考核比重等方式，增强商业银行发展绿色金融的内生动力。

数字技术的推广和普及成为解决商业银行发展绿色金融内生动力不足问题的重要契机。理论上，数字技术可以重塑商业银行经营模式，打破绿色金融业务边界，激活和实现绿色金融的规模效应和长尾效应。实践中，商业银行纷纷加入数字化转型的浪潮，借助数字技术提升了营运效率、推动了金融产品创新、拓宽了服务群体等目标。商业银行经营效益、经营效率和社会效益与绿色金融可持续发展息息相关，加快数字化转型是增强商业银行发展绿色金融内生发展动力的重要抓手。

未来，绿色金融将大有可为，绿色金融产品将成为全球金融产品体系中的重要构成。我国商业银行要加快构建绿色金融标准，进一步完善发展绿色金融的激励政策，加速绿色信贷、绿色债券等金融产品体系的优化创新，使其适应新发展理念的相关要求。数字化转型和绿色金融的融合共进，能够帮助商业银行实现经营效益与社会效益的兼容共赢。未来，在数字化转型的赋能下，绿色金融可持续发展能力将持续提升，进一步推动我国经济的高质量发展。

参考资料

[1] 安国俊，华超，张飞雄，等. 碳中和目标下 ESG 体系对资本市场影响研究——基于不同行业的比较分析[J]. 金融理论与实践，2022(3):48-61.

[2] 白钦先. 再论金融可持续发展[J]. 中国金融，1998(7):2.

[3] 保尔森基金会. 金融科技推动中国绿色金融发展：案例与展望（2021 年）[EB/OL].2021-06-21[2023-05-28].https://paulsoninstitute.org.cn/wp-content/uploads/2021/06/CH-2021-Fintech-Report_Final_0618_s.pdf.

[4] 鲍星，李巍，李泉. 金融科技运用与银行信贷风险——基于信息不对称和内部控制的视角[J]. 金融论坛，2022,27(1):9-18.

[5] 蔡玉平，张元鹏. 绿色金融体系的构建：问题及解决途径[J]. 金融理论与实践，2014(9):66-70.

[6] 蔡跃洲，郭梅军. 我国上市商业银行全要素生产率的实证分析[J]. 经济研究，2009(9):14.

[7] 曾学文，刘永强，满明俊，等. 中国绿色金融发展程度的测度分析[J]. 中国延安干部学院学报，2014(6):112-121.

[8] 陈建华，胡莲洁. 绿色信贷发展对商业银行财务绩效影响的实证研究[J]. 财经理论与实践，2022,43(4):89-95.

[9] 陈敏，孙华荣，傅琪. 大数据技术对中小微企业信贷供给的影响研究——以山东省为例[J]. 金融发展研究，2023(2):44-53.

[10] 陈伟光，胡当. 绿色信贷对产业升级的作用机理与效应分析[J]. 江西财经大学学报，2011(4):9.

[11] 戴国强，方鹏飞. 利率市场化与银行风险——基于影子银行与互联网金融视角的研究[J]. 金融论坛，2014(8):13-19.

[12] 戴叙贤. 商业银行绿色信贷的可行性与持续性——基于监督效率视角的模型分析[J]. 华南师范大学学报（社会科学版），2013(2):93-99.

[13] 邓翔. 绿色金融研究述评[J]. 中南财经政法大学学报，2012(6):67-71.

[14] 丁杰. 互联网金融与普惠金融的理论及现实悖论[J]. 财经科学，2015(6):1-10.

[15] 丁宁，任亦侬，左颖. 绿色信贷政策得不偿失还是得偿所愿？——基于资源配置视角的 PSM-DID 成本效率分析[J]. 金融研究，2020，478(4):112-130.

[16] 董艳，谭苏航，董梦瑶，等. 数字信贷对传统商业银行的影响[J]. 数量经济技术经济研究，2023,40(2):69-89.

[17] 杜莉，张鑫. 绿色金融，社会责任与国有商业银行的行为选择[J]. 吉林大学社会科学学报，2012(5):82-89.

[18] 杜莉，刘铮. 数字金融对商业银行信用风险约束与经营效率的影响[J]. 国际金融研究，2022,422(6):75-85.

[19] 方大春，魏智健. 绿色金融，绿色声誉和盈利能力——基于 18 家上市商业银行面板数据分析[J]. 区域金融研究，2022(11):8.

[20] 傅顺，裴平，孙杰. 数字金融发展与商业银行信用风险——来自中国 37 家上市银行的经验证据[J]. 北京理工大学学报（社会科学版），2023,25(1):145-155.

[21] 高彤. 绿色信贷对商业银行效率的影响分析——基于 16 家上市银行的实证分析[J]. 价值工程，2019,38(27):88-91.

[22] 龚关，胡关亮. 中国制造业资源配置效率与全要素生产率[J]. 经济研究，2013(4):13.

[23] 龚明华. 互联网金融：特点、影响与风险防范[J]. 新金融，2014(2):8-10.

[24] 龚晓叶，李颖. 金融科技对普惠金融"悖论"的影响——基于中国银行业风险承担水平的证据[J]. 证券市场导报，2020(9):33-43.

[25] 顾海峰，闫君. 互联网金融与商业银行盈利：冲击抑或助推——基于盈利能力与盈利结构的双重视角[J]. 当代经济科学，2019,41(4):100-108.

[26] 顾乃康，周艳利. 卖空的事前威慑、公司治理与企业融资行为——基于融资融券制度的准自然实验检验[J]. 管理世界，2017(2):120-134.

[27] 郭峰，王靖一，王芳，等. 测度中国数字普惠金融发展:指数编制与空间特征[J]. 经济学（季刊），2020,19(4):1401-1418.

[28] 郭广生，任晓刚. 以科技创新驱动高质量发展[J]. 智慧中国，2019(7):4.

[29] 郭柯娜. 绿色信贷对商业银行效率的影响——基于 14 家商业银行的实证研究[J]. 甘肃金融，2019(2):25-29,34.

[30] 郭品，沈悦. 互联网金融加重了商业银行的风险承担吗？——来自中国银行业的经验证据[J]. 南开经济研究，2015(4):80-97.

[31] 郭品，程茂勇，沈悦. 金融科技发展对银行系统性风险的影响：理论机制与经验证据[J]. 当代经济科学，2023,45(5):15-29.

[32] 郭妍. 我国商业银行效率决定因素的理论探讨与实证检验[J]. 金融研究，2005(2):115-123.

[33] 韩亮亮，彭伊，孟庆娜. 数字普惠金融、创业活跃度与共同富裕——基于我国省际面板数据的经验研究[J]. 软科学，2023,37(3):18-24.

[34] 韩先锋，肖坚，董明放. 绿色金融发展的碳减排效应[J]. 资源科学，2023,45(4):843-856.

[35] 郝清民，武倩月，葛国锋. 绿色信贷的创新与风险——灰色关联度分析[J]. 金融理论与实践，2016,07(7):81-85.

[36] 何德旭，张雪兰. 对我国商业银行推行绿色信贷若干问题的思考[J]. 上海金融，2007(12):4-9.

[37] 何帆，刘红霞. 数字经济视角下实体企业数字化变革的业绩提升效应评估[J]. 改革，2019(4):12.

[38] 贺水金，胡灵. 数字金融与银行流动性创造的 U 形关系——基于中国 173 家商业银行的分析[J]. 财经论丛，2022,288(8):37-48.

[39] 侯瑜，詹明君. 商业银行效率及其影响因素实证研究[J]. 税务与经济，2012(1):20-28.

[40] 胡俊，李强，戴嘉诚等. 基于文本分析的商业银行金融科技测度及赋能效果检验[J]. 中国管理科学，2024,32(1):31-41.

[41] 胡荣才，张文琼. 开展绿色信贷会影响商业银行盈利水平吗？[J]. 金融监管研究，2016(7):92-110.

[42] 黄利文. 基于理想点的主成分分析法在综合评价中的应用[J]. 统计与决策，2021,37(10):5.

[43] 黄益平，黄卓. 中国的数字金融发展:现在与未来[J]. 经济学（季刊），2018,17(4):1489-1502.

[44] 黄卓，王萍萍. 金融科技赋能绿色金融发展：机制、挑战与对策建议[J]. 社会科学辑刊，2022(5):101-108.

[45] 季月. 普惠金融发展悖论与破解路径[J]. 经济师，2017(8):168-169,171.

[46] 贾超，李智. 技术创新赋能绿色金融长远发展[J]. 金融电子化，2022(2):40-41.

[47] 江红莉，王为东，王露等. 中国绿色金融发展的碳减排效果研究——以绿色信贷与绿色风投为例[J]. 金融论坛，2020,25(11):39-48,80.

[48] 江艇. 因果推断经验研究中的中介效应与调节效应[J]. 中国工业经济，2022(5):100-120.

[49] 蒋海，唐绅峰，吴文洋. 数字化转型对商业银行风险承担的影响研究——理论逻辑与经验证据[J]. 国际金融研究，2023,429(1):62-73.

[50] 蒋海，易扬. 干旱冲击与银行绩效——基于绿色信贷视角的实证研究[J]. 金融论坛，2023,28(7):35-46.

[51] 金洪飞，李弘基，刘音露. 金融科技，银行风险与市场挤出效应[J]. 财经研究，2020,46(5):52-65.

[52] 靳景玉，赵瑞. 区块链技术在绿色金融中的研究动态[J]. 财会月刊，2019(13):172-176.

[53] 柯孔林，冯宗宪. 中国商业银行全要素生产率增长及其收敛性研究——基于 GML 指数的实证分析[J]. 金融研究，2013(6):146-159.

[54] 柯孔林，冯宗宪. 中国银行业全要素生产率测度：基于 Malmquist—Luenberger 指数研究[J]. 数量经济技术经济研究，2008,25(4):11.

[55] 孔令瑶. 北京市科技创新政策体系的文本分析[D]. 北京：北京林业大学，2019.

[56] 寇冠. 银行数字化转型的五大核心能力[J]. 中国金融，2022(12):63-65.

[57] 李春涛，闫续文，宋敏等. 金融科技与企业创新——新三板上市公司的证据[J]. 中国工业经济，2020,382(1):81-98.

[58] 李贵荣. 绿色金融和金融科技融合发展架构及应用方向[J]. 金融科技时代，2021,29(11):76-80.

[59] 李海舰，田跃新，李文杰. 互联网思维与传统企业再造[J]. 中国工业经济，2014(10):12.

[60] 李建军，姜世超. 银行金融科技与普惠金融的商业可持续性——财务增进效应的微观证据[J]. 经济学（季刊），2021,21(3):889-908.

[61] 李建军，王丽梅，彭俞超. 银行金融科技与流动性创造功能[J]. 南开经济研究，2023,239(5):3-18.

[62] 李明贤，李琦斓. 金融科技发展对农村商业银行效率的影响[J]. 湖南农业大学学报（社会科学版），2022,23(3):19-27.

[63] 李琴，裴平. 银行系金融科技发展与商业银行经营效率——基于文本挖掘的实证检验[J]. 山西财经大学学报，2021,43(11):15.

[64] 李爽爽. 中国上市银行绿色信贷政策实施状况对其经营绩效的影响[D]. 杭州：浙江工商大学，2015.

[65] 李卫兵，张凯霞. 空气污染对企业生产率的影响——来自中国工业企业的证据[J]. 管理世界，2019(10):19.

[66] 李喜梅. "三性"原则下中国上市商业银行资本结构与绩效关系研究[J]. 管理世界，2011,209(2):173-174,177.

[67] 李兴华，秦建群，孙亮. 经营环境、治理结构与商业银行全要素生产率的动态变化[J]. 中国工业经济，2014(1):57-68.

[68] 李学峰，杨盼盼. 银行金融科技与流动性创造效率的关系研究[J]. 国际金融研究，2021,410(6):66-75.

[69] 李焰，王琳，张迎新. 声誉资产与借款违约——以 P2P 网络借贷为例[J]. 财会月刊（下），2018(8):11.

[70] 李煜华，舒慧珊，向子威. 数字原生企业与非原生企业数字化转型组态路径研究——基于"技术-组织-环境"理论框架[J]. 软科学，2023,37(7):58-65.

[71] 李振新，陈享光. 数字金融能降低地方商业银行风险吗？——基于中国数字普惠金融和地方商业银行的证据[J]. 兰州大学学报（社会科学版），2023,51(3):62-76.

[72] 李志辉，陈海龙，张旭东. 金融科技对商业银行盈利能力的影响[J]. 中南财经政法大学学报，2022(5):56-68.

[73] 廖筠，胡伟娟，杨丹丹. 绿色信贷对银行经营效率影响的动态分析——基于面板 VAR 模型[J]. 财经论丛，2019(2):57-64.

[74] 刘锋，黄苹，唐丹. 绿色金融的碳减排效应及影响渠道研究[J]. 金融经济学研究，2022,37(6):144-158.

[75] 刘慧超，王书华. 数字化转型对中小银行风险水平影响研究[J]. 江西财经大学学报，2023(4):23-37.

[76] 刘金科，肖翊阳. 中国环境保护税与绿色创新：杠杆效应还是挤出效应？[J]. 经济研究，2022,57(1):72-88.

[77] 刘莉，李舞岩. 金融科技与银行信贷风险——基于我国商业银行的经验证据[J]. 哈尔滨商业大学学报（社会科学版），2022(2):26-42.

[78] 刘孟飞，王琦. 数字金融对商业银行风险承担的影响机制研究[J]. 会计与经济研究，2022,36(1):86-104.

[79] 刘敏楼，黄旭，孙俊. 数字金融对绿色发展的影响机制[J]. 中国人口·资源与环境，2022,32(6):113-122.

[80] 刘淑春，闫津臣，张思雪等. 企业管理数字化变革能提升投入产出效率吗[J]. 管理世界，2021,37(5):170-190,13.

[81] 刘涛. 以金融科技重塑绿色金融的微观基础[J]. 银行家，2019(4):128-130.

[82] 刘笑彤，杨德勇. 互联网金融背景下商业银行并购重组选择差异的效率研究——基于商业银行异质性的 Malmquist 指数实证分析[J]. 国际金融研究，2017(10):65-75.

[83] 陆岷峰，吴建平. 关于中小商业银行发展金融科技的战略研究——基于城商行群体的样本分析[J]. 湖南财政经济学院学报，2017,33(6):13-21.

[84] 罗珉，李亮宇. 互联网时代的商业模式创新：价值创造视角[J]. 中国工业经济，2015(1):13.

[85] 吕骁. 我国商业银行效率测度及其影响因素的实证分析[D]. 成都：西南财经大学，2012.

[86] 马骏，施娱. 绿色金融政策和在中国的运用[J]. 新金融评论，2014(2):29.

[87] 马骏. 论构建中国绿色金融体系[J]. 金融论坛，2015(5):18-27.

[88] 马萍，姜海峰. 绿色信贷与社会责任——基于商业银行层面的分析[J]. 当代经济管理，2009,31(6):70-73.

[89] 麦均洪，徐枫. 基于联合分析的我国绿色金融影响因素研究[J]. 宏观经济研究，2015(5):23-37.

[90] 庞瑞芝，刘东阁. 数字化与创新之悖论：数字化是否促进了企业创新——基于开放式创新理论的解释[J]. 南方经济，2022(9):97-117.

[91] 皮天雷，杨丽弘. 商业银行的操作风险、声誉效应与市场反应[J]. 国际金融研究，2015(2):11.

[92] 戚聿东，蔡呈伟. 数字化对制造业企业绩效的多重影响及其机理研究[J]. 学习与探索，2020(7):108-119.

[93] 戚聿东，蔡呈伟. 数字化企业的性质：经济学解释[J]. 财经问题研究，2019(5):121-129.

[94] 祁怀锦，曹修琴，刘艳霞. 数字经济对公司治理的影响——基于信息不对称和管理者非理性行为视角[J]. 改革，2020(4):15.

[95] 邱晗，黄益平，纪洋. 金融科技对传统银行行为的影响——基于互联网理财的视角[J]. 金融研究，2018,461(11):17-30.

[96] 邱兆祥，向晓建. 数字普惠金融发展中所面临的问题及对策研究[J]. 金融理论与实践，2018(1):5-9.

[97] 饶越. 互联网金融的实际运行与监管体系催生[J]. 改革，2014(3):56-63.

[98] 尚福林. 切实担当社会责任，全面提升银行业服务实体经济质效[J]. 中国银行业，2016(9):8-13.

[99] 邵传林，闫永生. 企业社会责任对银行商业价值的影响研究——基于中国银行业的准自然实验[J]. 南京审计大学学报，2019,16(6):50-60.

[100] 申丹虹，师王芳. 数字化转型与金融服务业企业生产率：来自上市公司的经验证据[J]. 调研世界，2022(11):14-21.

[101] 申明浩，谭伟杰，张文博. 数字化转型增进了企业社会责任履行吗?[J]. 西部论坛，2022,32(3):63-80.

[102] 盛天翔，范从来. 金融科技，最优银行业市场结构与小微企业信贷供给[J]. 金融研究，2020,480(6):114-132.

[103] 盛天翔，邰小芳，周耿等. 金融科技与商业银行流动性创造：抑制还是促进[J]. 国际金融研究，2022(2):65-74.

[104] 斯丽娟，曹昊煜. 绿色信贷政策能够改善企业环境社会责任吗——基于外部约束和内部关注的视角[J]. 中国工业经济，2022(4):137-155.

[105] 宋科，李振，杨家文. 金融科技与银行行为——基于流动性创造视角[J]. 金融研究，2023(2):60-77.

[106] 宋清华，周学琴. 商业银行履行社会责任能降低系统性风险吗[J]. 广东财经大学学报，2022,37(5):68-80.

[107] 孙传旺，罗源，姚昕. 交通基础设施与城市空气污染——来自中国的经验证据[J]. 经济研究，2019,54(8):136-151.

[108] 孙光林，王颖，李庆海，等. 绿色信贷对商业银行信贷风险的影响[J]. 金融论坛，2017(10):10.

[109] 孙红梅，姚书淇. 商业银行经营风险与财务绩效——基于绿色业务影响的视角[J]. 金融论坛，2021,26(2):37-46.

[110] 孙会霞，陈金明，陈运森. 银行信贷配置，信用风险定价与企业融资效率[J]. 金融研究，2013(11):55-67.

[111] 孙丽，於佳欢. 金融科技发展与商业银行风险承担：影响机理及实证检验[J]. 南方金融，2022(11):50-64.

[112] 孙志红，陆阿会. 环境规制、绿色金融与环保企业投资[J]. 金融发展研究，2021(1):22-28.

[113] 孙中会，逯苗苗. 数字化转型能提升商业银行效率吗？[J]. 山东社会科学，2022(10):128-137.

[114] 唐娟娟，汪金祥，孔芳媛，等. 我国商业银行绿色信贷效率研究[J]. 青海金融，2023(4):19-25.

[115] 唐绅峰，蒋海，吴文洋. 银行数字化背景下宏观审慎监管政策的有效性及优化策略[J]. 当代经济管理，2023,45(3):86-96.

[116] 唐松，伍旭川，祝佳. 数字金融与企业技术创新——结构特征、机制识别与金融监管下的效应差异[J]. 管理世界，2020,36(5):52-66,9.

[117] 陶茜. 绿色信贷对银行绩效的影响机制探讨[J]. 宏观经济管理，2016(5):4.

[118] 童馨乐，卞华斌. 国有商业银行分支机构效率研究[J]. 现代经济探讨，2020(8):69-77.

[119] 屠光绍. 促进中小金融机构数字化转型[EB/OL].2023-02-25[2023-02-28].https://www.cs.com.cn/xwzx/hg/202302/t20230225_6325695.html.

[120] 王程超，张路. 金融科技背景下我国绿色金融发展路径研究[J]. 金融科技时代，2022,30(5):51-55.

[121] 王道平，刘杨婧卓，徐宇轩，等. 金融科技、宏观审慎监管与我国银行系统性风险[J]. 财贸经济，2022,43(4):71-84.

[122] 王凤荣，王康仕. "绿色"政策与绿色金融配置效率——基于中国制造业上市公司的实证研究[J]. 财经科学，2018(5):1-14.

[123] 王宏涛，马妍，王一鸣，等. 商业银行履行社会责任与银行企业价值——基于绿色金融视角[J]. 南方金融，2023(2):21-35.

[124] 王建琼，董可. 绿色信贷对商业银行经营绩效的影响——基于中国商业银行的实证分析[J]. 南京审计大学学报，2019,16(4):52-60.

[125] 王康仕，孙旭然，张林曦，等. 金融数字化是否促进了绿色金融发展？——基于中国工业上市企业的实证研究[J]. 财经论丛，2020(9):44-53.

[126] 王诗卉，谢绚丽. 经济压力还是社会压力：数字金融发展与商业银行数字化创新[J]. 经济学家，2021(1):100-108.

[127] 王诗卉，谢绚丽. 知而后行？管理层认知与银行数字化转型[J]. 金融评论，2021,13(6):78-97,119-120.

[128] 王小华，邓晓雯，周海洋. 金融科技对商业银行经营绩效的影响：促进还是抑制？[J]. 改革，2022(8):15.

[129] 王秀意. 金融科技与上市商业银行全要素生产率的研究——基于三阶段SBM-DEA 模型[J]. 技术经济，2022,41(8):34-46.

[130] 王奕婷，罗双成. 金融科技与商业银行经营绩效——基于风险承担的中介效应分析[J]. 金融论坛，2022,27(4):19-30.

[131] 王玉林，周亚虹. 绿色金融发展与企业创新[J]. 财经研究，2023,49(1):49-62.

[132] 温博慧，程朋媛，刘雨菲. 数字金融发展对商业银行社会责任承担的影响——基于市场环境与公众关注双重视角[J]. 学习与实践，2022(8): 23-32.

[133] 温忠麟，叶宝娟. 中介效应分析：方法和模型发展[J]. 心理科学进展，2014,22(5):731-745.

[134] 温忠麟，张雷，侯杰泰，等. 中介效应检验程序及其应用[J]. 心理学报，2004(5):614-620.

[135] 吴非，胡慧芷，林慧妍，等. 企业数字化转型与资本市场表现——来自股票流动性的经验证据[J]. 管理世界，2021,37(7):130-144,10.

[136] 吴倩，张雨. 金融科技与商业银行盈利：路径分析与实证检验[J]. 东岳论丛，2023,44(4):155-163.

[137] 吴士炜，余文涛. 环境税费，政府补贴与经济高质量发展——基于空间杜宾模型的实证研究[J]. 宏观质量研究，2018,6(4):18-31.

[138] 肖红军，商慧辰. 数字企业社会责任：现状、问题与对策[J]. 产业经济评论，2022(6):133-152.

[139] 肖红军，阳镇，刘美玉. 企业数字化的社会责任促进效应：内外双重路径的检验[J]. 经济管理，2021,43(11):52-69.

[140] 肖翔. "十四五"期间金融科技发展趋势[J]. 北大金融评论，2022(2): 104-108.

[141] 谢绚丽，沈艳，张皓星，等. 数字金融能促进创业吗？——来自中国的证据[J]. 经济学（季刊），2018,17(4):1557-1580.

[142] 谢绚丽，王诗卉. 中国商业银行数字化转型：测度、进程及影响[J]. 经济学（季刊），2022,22(6):1937-1956.

[143] 谢治春，赵兴庐，刘媛. 金融科技发展与商业银行的数字化战略转型[J]. 中国软科学，2018(8):184-192.

[144] 邢炜. 中小银行数字化转型的挑战与应对[J]. 中国金融，2023(14):27-28.

[145] 熊惠平. 绿色信贷新论：透视公司社会责任思想的演化[J]. 河南金融管理干部学院学报，2008,26(2):24-26.

[146] 熊健，张晔，董晓林. 金融科技对商业银行经营绩效的影响：挤出效应还是技术溢出效应？[J]. 经济评论，2021(3):89-104.

[147] 薛畅. 金融科技赋能商业银行碳金融业务发展理论逻辑、现状及对策建议[J]. 西南金融，2023,500(3):16-26.

[148] 薛成，孟庆玺，何贤杰. 网络基础设施建设与企业技术知识扩散——来自"宽带中国"战略的准自然实验[J]. 财经研究，2020,46(4):15.

[149] 徐阳洋，陆岷峰. 关于商业银行数字化转型模式实践与创新路径的研究——基于近年来部分 A 股上市银行年报分析[J]. 西南金融，2022(8):72-83.

[150] 羊子林. 和谐银行和谐金融和谐社会——商业银行在构建社会主义和谐社会中的责任[J]. 中国金融家，2007(1):18-21.

[151] 杨景陆，粟勤. 数字金融发展与中小银行风险——基于我国 117 家商业银行的经验证据[J]. 南方金融，2023(3):3-18.

[152] 杨磊，张强，向嘉诚. 银行间市场风险传染研究及其展望[J]. 山东社会科学，2016(11):154-159.

[153] 杨农. 积极发展绿色金融科技[J]. 清华金融评论，2021(8):91-93.

[154] 杨望，徐慧琳，谭小芬，等. 金融科技与商业银行效率——基于 DEA-Malmquist 模型的实证研究[J]. 国际金融研究，2020(7):56-65.

[155] 杨震宁，侯一凡，李德辉，等. 中国企业"双循环"中开放式创新网络的平衡效应——基于数字赋能与组织柔性的考察[J]. 管理世界，2021,37(11):184-205,12.

[156] 姚德权，刘润坤. 金融体系结构的影响因素：基于银行与市场主导型双重视角的研究[J]. 中国软科学，2023(6):180-190.

[157] 易纲，樊纲，李岩. 关于中国经济增长与全要素生产率的理论思考[J]. 经济研究，2003(8):13-20,90.

[158] 尹莉. 关于加快构建我国碳金融体系的探索[J]. 东岳论丛，2012(8):175-178.

[159] 于建玲，佟孟华，朱泽君. 企业金融化对财务风险的影响——基于经济政策不确定性的调节效应研究[J]. 国际金融研究，2021,414(10):88-96.

[160] 于永达，郭沛源. 金融业促进可持续发展的研究与实践[J]. 环境保护，2003(12):4.

[161] 余明桂，马林，王空. 商业银行数字化转型与劳动力需求：创造还是破坏？[J]. 管理世界，2022,38(10):212-230.

[162] 袁淳，肖土盛，耿春晓，等. 数字化转型与企业分工：专业化还是纵向一体化[J]. 中国工业经济，2021(9):137-155.

[163] 袁云峰，张波. 商业银行经营绩效综合评价体系研究[J]. 国际金融研究，2004(12):5.

[164] 张承惠，谢孟哲，田辉，等. 发展中国绿色金融的逻辑与框架[J]. 金融论坛，2016,21(2):17-28.

[165] 张晖，朱婉婉，许玉韫，等. 绿色信贷真的会降低商业银行绩效吗[J]. 金融经济学研究，2021,36(1):14.

[166] 张金清，李柯乐，张剑宇. 银行金融科技如何影响企业结构性去杠杆？[J]. 财经研究，2022,48(1):64-77.

[167] 张琳，廉永辉，曹红. 绿色信贷如何影响银行财务绩效——基于地区绿色发展异质性的视角[J]. 贵州财经大学学报，2020(3):22-32.

[168] 张琳，廉永辉. 绿色信贷、银行异质性和银行财务绩效[J]. 金融监管研究，2019(2):43-61.

[169] 张庆君，欧一丁. 数字化转型提升了银行经营效率吗？——来自上市商业银行的经验证据[J]. 会计与经济研究，2023,37(3):89-108.

[170] 张文彤，邝春伟. SPSS 统计分析基础教程[M/OL]//北京：高等教育出版社，2004:257-263[2023-06-11]. http://idl.hbdlib.cn/book/00000000000000/pdfbook/y/32840.pdf.

[171] 张文中，窦瑞. 绿色信贷对中国商业银行效率的影响研究——基于SBM-GMM 模型[J]. 投资研究，2020,39(11):17-28.

[172] 张永珅，李小波，邢铭强. 企业数字化转型与审计定价[J]. 审计研究，2021(3):62-71.

[173] 张长江，张玥. 绿色信贷能提高商业银行绩效吗？——基于绿色声誉的中介效应[J]. 金融发展研究，2019(7):70-76.

[174] 张梓榆，陈辰，易红，等. 环境规制视角下绿色金融发展对碳排放的影响研究[J]. 西南大学学报（自然科学版），2023,45(8):1-11.

[175] 张庆君，欧一丁. 数字化转型提升了银行经营效率吗？——来自上市商业银行的经验证据[J]. 会计与经济研究，2023,37(3):89-108.

[176] 赵绍阳，李梦雪，佘楷文. 数字金融与中小企业融资可得性——来自银行贷款的微观证据[J]. 经济学动态，2022(8):19.

[177] 赵永乐，王均坦. 商业银行效率、影响因素及其能力模型的解释结果[J]. 金融研究，2008(3):12.

[178] 郑录军，曹廷求. 我国商业银行效率及其影响因素的实证分析[J]. 金融研究，2005(1):11.

[179] 郑志来. 大数据背景下互联网金融对中小企业融资影响研究[J]. 西南金融，2014(11):63-66.

[180] 志学红，王国栋，高清霞. 绿色信贷业务对商业银行盈利能力的影响[J]. 环境与可持续发展，2018,43(1):25-29.

[181] 周道许，张翼飞，穆然. 关于金融科技赋能绿色发展的认识与思考[J]. 清华金融评论，2022(1):103-108.

[182] 周宏，周畅，林晚发，等. 公司治理与企业债券信用利差——基于中国公司债券 2008—2016 年的经验证据[J]. 会计研究，2018(5):8.

[183] 周小川. 绿色金融有重要意义[EB/OL].2017-05-21[2022-12-31].http://energylaw.-chinalaw.org.cn/portal/article/index/id/3075.html.

[184] 周肖肖，贾梦雨，赵鑫. 绿色金融助推企业绿色技术创新的演化博弈动态分析和实证研究[J]. 中国工业经济，2023,423(6):43-61.

[185] 周琛影，田发，周腾. 绿色金融对经济高质量发展的影响效应研究[J]. 重庆大学学报（社会科学版），2022,28(6):1-13.

[186] 朱小能，李雄一. 金融科技与银行信用风险：加剧还是降低[J]. 山西财经大学学报，2022,44(11):39-52.

[187] Abdulquadri A, Mogaji E, Kieu T A, et al. Digital transformation in financial services provision: A Nigerian perspective to the adoption of chatbot[J]. Journal of Enterprising Communities: People and Places in the Global Economy, 2021, 15(2): 258-281.

[188] Acharya R N, Kagan A. Community banks and internet commerce[J]. Journal of Internet Commerce, 2004, 3(1): 23-30.

[189] Al-Qudah A A, Hamdan A, Al-Okaily M, et al. The impact of green lending on credit risk: Evidence from UAE's banks[J]. Environmental Science and Pollution Research, 2023, 30(22): 61381-61393.

[190] Akomea Frimpong I, Adeabah D, Ofosu D, et al. A review of studies on green finance of banks, research gaps and future directions[J]. Journal of Sustainable Finance & Investment, 2022, 12(4): 1241-1264.

[191] Nuaimi A, Nobanee H. Corporate Sustainability Reporting and Corporate Financial Growth [R/OL]. (2019-10-19)[2022-10-15]. http://ssrn.com/abstract= 3472313.

[192] AlEssa H B, Bhupathiraju S N, Malik V S, et al. Carbohydrate quality and quantity and risk of type 2 diabetes in US women[J]. The American journal of clinical nutrition, 2015, 102(6): 1543-1553.

[193] Allen E, Fjermestad J.E‐commerce marketing strategies: an integrated framework and case analysis[J]. Logistics information management, 2001, 14(1/2): 14-23.

[194] Anderson C. The Long Tail[J]. Wired, 2004(10):12.

[195] Anderson C. The long tail: Why the future of business is selling less of more[J]. Hachette UK, 2006.

[196] Beccalli E. Does IT investment improve bank performance? Evidence from Europe[J]. Journal of banking & finance, 2007, 31(7): 2205-2230.

[197] Becker S O, Woessmann L. Was Weber wrong? A human capital theory of Protestant economic history[J]. The quarterly journal of economics, 2009, 124(2): 531-596.

[198] Berensmann K, Volz U, Alloisio I, et al. Fostering sustainable global growth through green finance–what role for the G20[J]. T20 Task Force on Climate Policy and Finance, 2017, 20.

[199] Berger A N, Mester L J. Inside the black box: What explains differences in the efficiencies of financial institutions?[J]. Journal of banking & finance,

1997, 21(7): 895-947.

[200] Berger A N. The economic effects of technological progress: Evidence from the banking industry[J]. Journal of Money, credit and Banking, 2003, 35(2): 76-141.

[201] Bester H. Screening vs. rationing in credit markets with imperfect information[J]. The American economic review, 1985, 75(4): 850-855.

[202] Bons R W H, Alt R, Lee H G, et al. Banking in the Internet and mobile era[J]. Electronic markets, 2012, 22(4): 197-202.

[203] Bresnahan T F. Measuring the spillovers from technical advance: mainframe computers in financial services[J]. The American Economic Review, 1986, 76(4): 742-755.

[204] Brown S, Brison N, Bennett G. Corporate Social Marketing: An analysis of consumer response to Nike's campaign featuring Colin Kaepernick[J]. Global Sport Business Journal, 2020, 8(1): 33-50.

[205] Cao X, Han B, Huang Y, et al. Digital Transformation and Risk Differentiation in the Banking Industry: Evidence from Chinese Commercial Banks[J]. Asian Economic Papers, 2022, 21(3): 1-21.

[206] Chami R, Cosimano T F, Fullenkamp C. Managing ethical risk: How investing in ethics adds value[J]. Journal of Banking & Finance, 2002, 26(9): 1697-1718.

[207] Chapple W, Paul C J M, Harris R. Manufacturing and corporate environmental responsibility: cost implications of voluntary waste minimisation[J]. Structural Change and Economic Dynamics, 2005, 16(3): 347-373.

[208] Charter M, Peattie K, Ottman J, et al. Marketing and sustainability[J]. Centre for Business Relationships, Accountability, Sustainability and Society (BRASS) in association with The Centre for Sustainable Design, April, 2002, 324.

[209] Chen K C. Implications of Fintech developments for traditional banks[J]. International journal of economics and financial issues, 2020, 10(5): 227.

[210] Chen M A, Wu Q, Yang B. How valuable is FinTech innovation?[J]. The

Review of Financial Studies, 2019, 32(5): 2062-2106.

[211] Chen Y S. The drivers of green brand equity: Green brand image, green satisfaction, and green trust[J]. Journal of Business ethics, 2010, 93: 307-319.

[212] Chowdhury T, Datta R, Mohajan H. Green finance is essential for economic development and sustainability[J].MPRA Paper, 2013, 3(10):104-108.

[213] Cowan E. Topical issues in environmental finance[J]. Research paper was commissioned by the Asia Branch of the Canadian International Development Agency (CIDA), 1999, 1: 1-20.

[214] Dahlsrud A. How corporate social responsibility is defined: an analysis of 37 definitions[J]. Corporate social responsibility and environmental management, 2008, 15(1): 1-13.

[215] Dapp T, Slomka L, AG D B, et al. Fintech–The digital (r) evolution in the financial sector[J]. Deutsche Bank Research, 2014, 11: 1-39.

[216] Demirgüç-Kunt A, Huizinga H. Financial structure and bank profitability [R/OL]. (2000-08-01)[2023-08-15]. https://openknowledge.worldbank.org/ server/api/core/bitstreams/222d9df1-be3a-5714-839b-6f21c5987caf/content.

[217] Dinda S. Climate change and trade opportunity in climate smart goods in Asia: Application of gravity model[J]. The International Trade Journal, 2014, 28(3): 264-280.

[218] Dippel C, Ferrara A, Heblich S. Causal mediation analysis in instrumental-variables regressions[J]. The Stata Journal, 2020, 20(3): 613-626.

[219] Do T D, Pham H A T, Thalassinos E I, et al. The Impact of Digital Transformation on Performance: Evidence from Vietnamese Commercial Banks[J]. Journal of Risk and Financial Management, 2022, 15(1): 21.

[220] Dorfleitner G, Braun D. The rise of green finance in Europe [M/OL]. London: Palgrave Macmillan,2019[2023-04-11]. https://link.springer.com/book/10.1007/ 978-3-030-22510-0.

[221] Elkington J. Partnerships from cannibals with forks: The triple bottom line of 21st‐century business[J]. Environmental quality management, 1998, 8(1): 37-51.

[222] Forcadell F J, Aracil E, Úbeda F. The impact of corporate sustainability and digitalization on international banks' performance[J]. Global Policy, 2020, 11: 18-27.

[223] Fritz M S, MacKinnon D P. Required sample size to detect the mediated effect[J]. Psychological science, 2007, 18(3): 233-239.

[224] Galema R, Plantinga A, Scholtens B. The stocks at stake: Return and risk in socially responsible investment[J]. Journal of Banking & Finance, 2008, 32(12): 2646-2654.

[225] Guang-Wen Z, Siddik A B. Do corporate social responsibility practices and green finance dimensions determine environmental performance? An Empirical Study on Bangladeshi Banking Institutions[J]. Frontiers in Environmental Science, 2022, 10: 89-96.

[226] Guo P, Shen Y. The impact of Internet finance on commercial banks' risk taking: evidence from China[J]. China Finance and Economic Review, 2016, 4(1): 1-19.

[227] Hassan T A, Hollander S, Van Lent L, et al. Firm-level political risk: Measurement and effects[J]. The Quarterly Journal of Economics, 2019, 134(4): 2135-2202.

[228] Herbohn K. A full cost environmental accounting experiment[J]. Accounting, Organizations and Society, 2005, 30(6): 519-536.

[229] Hoehle H, Scornavacca E, Huff S. Three decades of research on consumer adoption and utilization of electronic banking channels: A literature analysis[J]. Decision Support Systems, 2012, 54(1): 122-132.

[230] Hsieh C T, Klenow P J. Misallocation and manufacturing TFP in China and India[J]. The Quarterly journal of economics, 2009, 124(4): 1403-1448.

[231] Huang R, Ratnovski L. The dark side of bank wholesale funding[J]. Journal of Financial Intermediation, 2011, 20(2): 248-263.

[232] Iqbal S, Taghizadeh-Hesary F, Mohsin M, et al. Assessing the role of the green finance index in environmental pollution reduction[J]. Studies of Applied Economics, 2021, 39(3): 178.

[233] Jaffee D M, Russell T. Imperfect information, uncertainty, and credit rationing[J]. The Quarterly Journal of Economics, 1976, 90(4): 651-666.

[234] Jatic S, Ilic M, Miletic L, Markovic A. Strategy of Swiss banking sector towards digitalization trends[J]. International Journal of Economics and Law, 2017, 61: 61-72.

[235] Jeucken M. Sustainable finance and banking: The financial sector and the future of the planet[M/OL]. London: Routledge, 2010[2023-04-11]. http://www.cadal.zju.edu. cn/book/trySinglePage/33023884/1.

[236] Jeyalakshmi P R, Rani A S L. The Impact of Digitalization on Employee Performance In Banking Sector[J]. Management Insight, 2019, 15(1): 59-66.

[237] Jiakui C, Abbas J, Najam H, et al. Green technological innovation, green finance, and financial development and their role in green total factor productivity: Empirical insights from China[J]. Journal of Cleaner Production, 2023, 382: 135131.

[238] Kalafatis S P, Pollard M, East R, Tsogas M H.Green marketing and Ajzen's theory of planned behaviour: a cross-market examination[J].Journal of Consumer Marketing, 1999, 16(5):441-460.

[239] Kannan P K, Chang A M, Whinston A B. Wireless commerce: marketing issues and possibilities[C]//Proceedings of the 34th Annual Hawaii International Conference on System Sciences. IEEE, 2001: 1-6.

[240] Kaplan S, Vakili K. The double‐edged sword of recombination in breakthrough innovation[J]. Strategic Management Journal, 2015, 36(10): 1435-1457.

[241] Kärnä J, Hansen E, Juslin H. Social responsibility in environmental marketing planning[J]. European journal of marketing, 2003, 37(5/6): 848-871.

[242] Kasman A. Cost efficiency, scale economies, and technological progress in Turkish banking[J]. Central Bank Review, 2012, 2(1): 1-20.

[243] Keeton W R. Equilibrium credit rationing[M/OL]. London: Routledge, 2017[2023-03-21]. https://www.taylorfrancis.com/books/mono/10.4324/9781315207223/equilibrium-credit-rationing-william-keeton .

[244] Khan I U, Hameed Z, Khan S U, et al. Green banking practices, bank reputation, and environmental awareness: evidence from Islamic banks in a developing economy[J]. Environment, Development and Sustainability, 2023: 1-21.

[245] Khattak M A, Ali M, Azmi W, et al. Digital transformation, diversification and stability: What do we know about banks?[J]. Economic Analysis and Policy, 2023, 78: 122-132.

[246] Kriebel J, Debener J. Measuring the effect of digitalization efforts on bank performance[C]//Academy of Management Proceedings. Briarcliff Manor. Academy of Management, 2020, 1: 1-24.

[247] Lapavitsas C, Dos Santos P L. Globalization and contemporary banking: on the impact of new technology[J]. Contributions to Political Economy, 2008, 27(1): 31-56.

[248] Lee I, Shin Y J. Fintech: Ecosystem, business models, investment decisions, and challenges[J]. Business horizons, 2018, 61(1): 35-46.

[249] Li L, Su F, Zhang W, et al. Digital transformation by SME entrepreneurs: A capability perspective[J]. Information Systems Journal, 2018, 28(6): 1129-1157.

[250] Li W, Liu K, Belitski M, et al. e-Leadership through strategic alignment: an empirical study of small- and medium-sized enterprises in the digital age[J].Journal of Information Technology, 2016, 31(2):185-206.

[251] Lian Y, Gao J, Ye T. How does green credit affect the financial performance of commercial banks?——Evidence from China[J]. Journal of Cleaner Production, 2022, 344: 131069.

[252] Lindenberg N. Definition of Green Finance[R/OL].(2014-04-15)[2023-10-12]. https://www.cbd.int/financial/gcf/definition-greenfinance.pdf.

[253] Lindenberg N. Definition of Green Finance[J].Social Science Electronic Publishing, 2014.

[254] Liu G Q, Wang S. Digital Transformation and Trade Credit Provision: Evidence from China[J]. Research in International Business and Finance,2022, 64(4):101805.

[255] MacKinnon D P, Lockwood C M, Hoffman J M, et al. A comparison of methods to test mediation and other intervening variable effects[J]. Psychological methods, 2002, 7(1): 83.

[256] Malini H. Islamic Bank Sustainability in Indonesia: Value and Financial Performances Based on Social Responsibility and Green Finance[J]. Cepalo, 2021, 5(2): 93-106.

[257] Markandya A, Antimiani A, Costantini V, et al.Analyzing trade-offs in international climate policy options: The case of the green climate fund[J]. World Development, 2015, 74: 93-107.

[258] Martín-Oliver A, Salas-Fumás V. The output and profit contribution of information technology and advertising investments in banks[J]. Journal of Financial Intermediation, 2008, 17(2): 229-255.

[259] Metawa N, Itani R, Metawa S, Elgayar A. The impact of digitalization on credit risk: the mediating role of financial inclusion (National Bank of Egypt (NBE) case study)[J]. Economic Research-Ekonomska Istraživanja, 2023, 36(2): 2178018.

[260] Mudambi R, Swift T. Knowing when to leap: Transitioning between exploitative and explorative R&D[J]. Strategic Management Journal, 2014, 35(1): 126-145.

[261] Muganyi T, Yan L, Sun H. Green finance, fintech and environmental protection: Evidence from China[J]. Environmental Science and Ecotechnology, 2021, 7: 100107.

[262] Munitlak-Ivanovic O, Zubović J, Mitić P. Relationship between sustainable development and green economy emphasis on green finance and banking[J]. Ekonomika poljoprivrede, 2017, 64(4): 1467-1482.

[263] Mirovic V, Kalas B, Djokic I, et al. Green Loans in Bank Portfolio: Financial and Marketing Implications[J]. Sustainability, 2023, 15(7): 5914.

[264] Nassiry D. The role of fintech in unlocking green finance: Policy insights for developing countries[R/OL].(2018-11-05)[2023-11-12]. https://www.econstor.eu/bitstream/10419/190304/1/adbi-wp883.pdf.

[265] Nassiry D. The Role of Fintech in Unlocking Green Finance[M]. Handbook

of Green Finance. Singapore: Springer, 2019.

[266] Niczyporuk H, Urpelainen J. Taking a gamble: Chinese overseas energy finance and country risk[J]. Journal of Cleaner Production, 2021, 281: 124993.

[267] Ortaköy S, Özsürünç Z. The effect of digital channel migration, automation and centralization on the efficiency of operational staff of bank branches[J]. Procedia Computer Science, 2019, 158: 938-946.

[268] Pearce D, Barbier E, Markandya A. Sustainable development: economics and environment in the Third World[M]. London: Earthscan, 1990.

[269] Philippon T. The FinTech Opportunity[R/OL].(2016-08-01)[2023-11-12]. https://www.nber.org/system/files/working_papers/w22476/w22476.pdf.

[270] Polzin F. Mobilizing private finance for low-carbon innovation–A systematic review of barriers and solutions[J]. Renewable and Sustainable Energy Reviews, 2017, 77: 525-535.

[271] Popović S, Munitlak Ivanović O, Jovanović L. Green economy as a factor in the development of the Serbian economy and the processing of less hazardous waste [J]. Ecologica: Science, Economy, Experiences, 2015, 22(80): 693-697.

[272] Porter M E, Kramer M R. Creating Shared Value[J].Harvard Business Review, 2011, 89 (01):62-77.

[273] Porter M E, Kramer M R. The link between competitive advantage and corporate social responsibility[J]. Harvard business review, 2006, 84(12): 78-92.

[274] Porter M E. New global strategies for competitive advantage[J]. Planning Review, 1990, 18(3): 4-14.

[275] Pramanik H S, Kirtania M, Pani A K. Essence of digital transformation—Manifestations at large financial institutions from North America[J]. Future Generation Computer Systems, 2019, 95: 323-343.

[276] Preacher K J, Rucker D D, Hayes A F. Addressing Moderated Mediation Hypotheses: Theory, Methods, and Prescriptions[J].Multivariate Behav Res, 2007, 42(1):185-227.

[277] Puschmann T, Hoffmann C H, Khmarskyi V. How green FinTech can alleviate the impact of climate change—the case of Switzerland[J]. Sustainability, 2020, 12(24): 10691.

[278] Rawat S K, Anu D. Recent advances in green finance[J]. Int. J. Recent Technology and Engineering (IJRTE), 2020, 8: 5628-5633.

[279] Robins J M. Semantics of causal DAG models and the identification of direct and indirect effects[J]. Oxford Statistical Science Series, 2003: 70-82.

[280] Robinson C, Schumacker R E. Interaction effects: centering, variance inflation factor, and interpretation issues[J]. Multiple linear regression viewpoints, 2009, 35(1): 6-11.

[281] Romanova I, Kudinska M. Banking and Fintech: A Challenge or Opportunity? [J].Contemporary Studies in Economic and Financial Analysis, 2016, 98: 21-35.

[282] Rubin D B. Causal inference using potential outcomes: Design, modeling, decisions[J]. Journal of the American Statistical Association, 2005, 100(469): 322-331.

[283] Sachs J D, Woo W T, Yoshino N, et al. Importance of green finance for achieving sustainable development goals and energy security[J]. Handbook of green finance: Energy security and sustainable development, 2019, 10: 1-10.

[284] San-Jose L, Retolaza J L, Gutierrez-Goiria J. Ethical banks: an Alternative in the Financial Crisis[R/OL]. (2009-06-09)[2022-12-15]. http://ssrn.com/ abstract=1416757.

[285] Schueffel P. Taming the beast: A scientific definition of fintech[J]. Journal of Innovation Management, 2016, 4(4): 32-54.

[286] Croitoru A . The Theory of Economic Development: An Inquiry into Profits, Capital, Credit, Interest, and the Business Cycle[J].Social Science Electronic Publishing, 2012, 3(1):90-91.

[287] Sengupta A, Mazumdar C, Barik M S. e-Commerce security—A life cycle approach[J]. Sadhana, 2005, 30(2): 119-140.

[288] Sheldon O. The philosophy of management[M/OL]. London: Routledge, 2004[2023-03-21]. https://www.taylorfrancis.com/books/mono/10.4324/

9780203507827/philosophy-management-oliver-sheldon.

[289] Shen Y, Su Z W, Malik M Y, et al. Does green investment, financial development and natural resources rent limit carbon emissions? A provincial panel analysis of China[J]. Science of The Total Environment, 2021, 755: 142538.

[290] Singh A, Hess T. How Chief Digital Officers Promote the Digital Transformation of their Companies [J]. MIS Q Executive, 2020(16): 5.

[291] Singh S, Srivastava R K. Factors influencing the adoption of mobile banking in India[J]. International Journal of E-Services and Mobile Applications (IJESMA), 2014, 6(4): 1-15.

[292] Soundarrajan P, Vivek N. Green finance for sustainable green economic growth in India[J]. Agricultural Economics, 2016, 62(1): 35-44.

[293] Stiglitz J E, Weiss A. Credit rationing in markets with imperfect information[J]. The American economic review, 1981, 71(3): 393-410.

[294] Stoica O, Mehdian S, Sargu A. The impact of internet banking on the performance of Romanian banks: DEA and PCA approach[J]. Procedia Economics and Finance, 2015(20): 610-622.

[295] Sun C. The correlation between green finance and carbon emissions based on improved neural network[J]. Neural Computing and Applications, 2022, 34(15): 12399-12413.

[296] Szabo A. Eco-innovation and Green Action plan for SMEs in the European Union[C]// Final Workshop Report on "SMEs and Green Economy". Kyiv, Ukraine: Konrad-Adenauer-Stiftung, 2016: 27-40.

[297] Tabrizi B, Lam E, Girard K, et al. Digital transformation is not about technology[J]. Harvard business review, 2019(13): 1-6.

[298] Taiminen H M, Karjaluoto H. The usage of digital marketing channels in SMEs[J]. Journal of Small Business & Enterprise Development, 2015, 22(4):633-651.

[299] Tan W, Zhu H, Tan J, et al. novel service level agreement model using blockchain and smart contract for cloud manufacturing in industry 4.0[J].

Enterprise Information Systems, 2021(9):1-26.

[300] Thakur R, Srivastava M. Adoption readiness, personal innovativeness, perceived risk and usage intention across customer groups for mobile payment services in India[J]. Internet Research, 2014, 24(3): 369-392.

[301] Tolliver C, Keeley A R, Managi S. Green bonds for the Paris agreement and sustainable development goals[J]. Environmental Research Letters, 2019, 14(6): 064009.

[302] Tripathy A. Translating to risk: The legibility of climate change and nature in the green bond market[J]. Economic Anthropology, 2017, 4(2): 239-250.

[303] Urban M A, Wójcik D. Dirty banking: Probing the gap in sustainable finance[J]. Sustainability, 2019, 11(06): 1745.

[304] Vial G. Understanding digital transformation: A review and a research agenda[J]. The Journal of Strategic Information Systems, 2019, 28(2):118-144.

[305] Vives X. The impact of FinTech on banking[J]. European Economy, 2017(2): 97-105.

[306] Vladisavljević V, Knežević M, Jovanović D. Uslovi i mogućnosti ostvarivanja održivog razvoja[J]. VII Međunarodni kongres Revizija, Palić, 2017: 183-194.

[307] Volz U. On the Role of Central Banks in Enhancing Green Finance[R/OL]. (2017-02-01)[2022-12-30]. https://www.greenpolicyplatform.org/sites/default/files/downloads/resource/On%20the%20Role%20of%20Central%20Banks%20in%20Enhancing%20Green%20Finance.pdf.

[308] Wang Y Y, Shanmugam M, Bugshan H, et al. Understanding customer perceptions of internet banking: the case of the UK[J]. Journal of Enterprise Information Management, 2015, 28(5):622-636.

[309] Weber O, ElAlfy A. The development of green finance by sector[J]. The rise of green finance in Europe: opportunities and challenges for issuers, investors and marketplaces, 2019: 53-78.

[310] Whette H C. Collateral in credit rationing in markets with imperfect information[J]. American Economic Review, 1983, 73(3): 442-445.

[311] Xin M, Choudhary V. IT investment under competition: The role of implementation failure[J]. Management Science, 2019, 65(4): 1909-1925.

[312] Yuan F, Gallagher K P. Greening development lending in the Americas: trends and determinants[J]. Ecological Economics, 2018, 154: 189-200.

[313] Zaidi S A H, Zafar M W, Shahbaz M, et al. Dynamic linkages between globalization, financial development and carbon emissions: evidence from Asia Pacific Economic Cooperation countries[J]. Journal of cleaner production, 2019, 228: 533-543.

反侵权盗版声明

电子工业出版社依法对本作品享有专有出版权。任何未经权利人书面许可，复制、销售或通过信息网络传播本作品的行为；歪曲、篡改、剽窃本作品的行为，均违反《中华人民共和国著作权法》，其行为人应承担相应的民事责任和行政责任，构成犯罪的，将被依法追究刑事责任。

为了维护市场秩序，保护权利人的合法权益，我社将依法查处和打击侵权盗版的单位和个人。欢迎社会各界人士积极举报侵权盗版行为，本社将奖励举报有功人员，并保证举报人的信息不被泄露。

举报电话：（010）88254396；（010）88258888

传　　真：（010）88254397

E-mail：　dbqq@phei.com.cn

通信地址：北京市万寿路 173 信箱

　　　　　电子工业出版社总编办公室

邮　　编：100036